以强企之行，
　　实现强国之梦

杨思卓

- 中国领导力理论领军人物、中商国际管理研究院院长、韩国国立仁川大学数字经济学院院长。著有《中国管理顾问手册》《缔造冠军企业》《领导力3.0》《进入成人世界的9个密码》等18部专著。他以第三代领导力学术与实践的杰出成果,走上哈佛大学讲坛,成为中国管理走向世界的代表。

- 杨思卓经历了公务员、企业家、学者、顾问、慈善家的五重蝶变,成为一代企业家导师,18年来助力三一重工董事长梁稳根、比亚迪董事长王传福、新明珠董事长叶德林、TCL前总裁薄连明、柔宇科技董事长刘自鸿等数十位商界领袖成功,被誉为"黑钻"式传奇人物。他创立的"九段私董会",成为冠军企业的摇篮;他发起的"书香中国万里行",成为智慧公益的典范。

领导力3.0

杨思卓 —————— 著

图书在版编目 (CIP) 数据

领导力 3.0 / 杨思卓著. —北京：北京联合出版公司，2020.8

ISBN 978-7-5596-3953-0

Ⅰ.①领… Ⅱ.①杨… Ⅲ.①企业领导学 Ⅳ.①F272.91

中国版本图书馆 CIP 数据核字（2020）第 012361 号

领导力 3.0

作　　者：杨思卓
出 品 人：赵红仕
选题策划：北京时代光华图书有限公司
责任编辑：张　萌
特约编辑：李淼淼
封面设计：新艺书文化

北京联合出版公司出版
（北京市西城区德外大街 83 号楼 9 层　100088）
北京时代光华图书有限公司发行
天津市祥丰印务有限公司印刷　新华书店经销
字数 173 千字　　787 毫米 ×1092 毫米　1/16　15.5 印张
2020 年 8 月第 1 版　2020 年 8 月第 1 次印刷
ISBN 978-7-5596-3953-0
定价：98.00 元

版权所有，侵权必究
未经许可，不得以任何方式复制或抄袭本书部分或全部内容
本书若有质量问题，请与本社图书销售中心联系调换。电话：010-82894445

目录
Contents

推荐序　新时代需要新的领导力 / V
前　言　领导力——强企软实力 / IX

导　论　新经济时代的新领导力

第一节　企业领导者的四象限：从平庸到卓越 / 3
第二节　领导力发现之旅：从体验到提炼 / 13
第三节　六维领导力模型 / 19
第四节　企业领导者的核心品质：责任与使命 / 26

第一章　先时而变的学习力

第一节　全球进入新经济时代 / 35
第二节　驾驭新经济需要新领导力 / 42

第三节　整合式学习：优化知识结构 / 47

第四节　赶超式学习：轻取竞争优势 / 53

第五节　反思式学习：实现自我超越 / 61

第六节　研制式学习：运用管理工具 / 67

第二章　富有远见的决断力

第一节　高明决策的三个要点 / 75

第二节　领导者的时间智慧 / 83

第三节　领导者的空间智慧 / 89

第四节　领导者的辩证智慧 / 94

第三章　令行禁止的推行力

第一节　绩效是检验领导力的根本标准 / 103

第二节　正确行使领导者权力的五个要点 / 109

第三节　动态式计划：确保达成目标 / 112

第四节　复盘式总结：推动持续改善 / 120

第五节　承诺到位：执行变成自行 / 128

第六节　竞赛管理：让团队进入"巅峰状态" / 134

第四章　优化资源的组织力

第一节　营造环境：优化组织性能 / 141
第二节　善用流程：规范组织运行 / 150
第三节　正视矛盾：解决组织冲突 / 162
第四节　情感融通：融洽人际关系 / 169

第五章　带队育人的教导力

第一节　由产品到人品：打造人才生产线 / 177
第二节　训练有素：专业成就卓越 / 185
第三节　标杆引领：团队知行合一 / 192
第四节　后继有人：组织持续发展 / 197

第六章　不令而行的影响力

第一节　影响力的概念和层级 / 207
第二节　八种品质：建立信誉账户 / 213
第三节　四种磁力：强化团队引力 / 219
第四节　四季传承：培育企业精神 / 224

推荐序

新时代需要新的领导力

中国经济在改革开放和高速增长 40 年之后，目前已进入一个新的发展时期。如何在新的经济形势下继续发展？对于各行各业的企业领导者来说，这不仅需要远见卓识，更需要新的领导能力。

德勤咨询公司公布的报告显示，86％的企业领导者把"领导力缺失"视为威胁企业竞争力的紧迫或重要问题。

为什么会出现"领导力缺失"的问题？

首先，人们缺乏对领导力重要性的认识。通常，在出现问题的时候，大多数领导者不会认为是领导力的问题，而会认为是执行力不行。事实上，领导力才是获得成功的必要条件。"1 克领导力等于1吨执行力"，决策错误的话，执行力越强，结果反而越糟糕。面对各种挑战与危机，有无正确的判断能力、决策能力、组织能力等，即有无领导力，是决定企业经营成败的关键。

其次，人们缺乏对领导力的理解。人们常常误将管理能力认为是领导力，其实两者有很大区别。管理能力通常是既定体制、机制下的执行能力或组织能力。而领导力不仅包括管理能力，更包括在关键时刻或面临重大变化时的判断力、超越既定规则的决策力，以及创新力和影响力。

最后，人们缺乏对领导力的培养。不少人认为，领导力是一种天赋，是自然产生、无法培养的。的确，领导力是一种艺术，需要一定的先天条件，但有先天条件并不等于一定具备领导力，后天的积累、磨炼、学习、提高，才是形成领导力的充分条件。领导力是可以培养的，关键在于怎样培养。

目前，中国企业进入了一个新时代，新时代需要新的领导力。新领导力的重要特点是，面对复杂多变的环境，企业领导者需要更高远宽广的眼界、更迅速准确的判断力，以及更全面有效的影响力。新领导力并不局限于领导者个人，更注重的是领导集体。每个领导者未必各项能力都很完善，但大家在一个领导集体中，可以通过优势互补的方式建设领导力团队和梯队，这样的话，即使主要领导者有短板、有缺陷，也不会对企业发展造成特别大的影响。

多年来，在领导力研究方面，杨思卓老师取得了一些成绩。他把多年来对领导规律的发现综合起来，建立了一个能力系统，提出六个维度的领导力模型，并将成果与大家分享。本书为企业领导者的领导力培养提供了理论和工具，具有启发性和可操作性。

我觉得这本书颇有价值，愿意向大家推荐。

北京大学校务委员会副主任

北京大学汇丰商学院院长

海闻

前言

领导力——强企软实力

领导力，英文单词是leadership。从构词上来看，leader是领导者，而ship作为一个名词后缀，与前面的名词组合，构成了能力系统。事实上，ship原本的意思是"船"。既然这样，我们对领导力的研究就从船开始吧。

在人类历史上，有艘船几乎尽人皆知，就是"泰坦尼克"号。

把镜头转向1912年，我们会看到英国的"泰坦尼克"号——当时世界航海界的巨无霸，长约270米，可以运载3500多名乘客和船员，主机功率高达59000马力[①]，运行速度极快，最大航速达

---

① 1马力≈735瓦特。——编者注

每小时23海里①。1912年4月10日,"泰坦尼克"号从英国南安普敦出发,目的地为美国纽约,开始了它的处女航。但是,4月15日凌晨,这艘"梦幻客轮"不幸沉没海底。这样一个装备优良的庞然大物为什么会倾覆?

行航途中,船员发现有冰山,立即报告大副。大副默多克下令左满舵,并且将车钟拉至"全速倒车"位,结果这个指令成为致命的错误。为什么?按行家的说法,这个命令是正确的,问题在于领导的判断——错误估算时间。当时,"泰坦尼克"号的速度是22海里/小时,从船员发现冰山到船体撞上冰山,只有短短的37秒。时间短、速度快,船无法及时停止前进并转向。这种情况下,如果不左满舵,只减速,让最坚硬的船头直接撞向冰山,充其量只损坏1个或2个隔舱。"泰坦尼克"号号称"永不沉没的船",有16个水密舱,即使4个水密舱灌满水,也可以保持漂浮状态。但是,指令让船的右舷撞上了冰山,船侧面跟冰山擦身而过,结果5个水密舱进水,造成了1500多名旅客随船沉入大西洋的巨大灾难。

1克领导力等于1吨执行力。在一个错误的指令下,最好的执行力往往会造成最惨重的灾难。

可见,领导力作用在方向盘上,执行力作用在螺旋桨上。要解决执行力的问题,一定得先解决领导力的问题。

我们曾把企业领导者比作乐队的指挥,认为组织在陷入混乱的时候,往往是因为领导者不在自己的指挥席上。在新经济形势下,

---

① 1海里≈1.852千米。——编者注

这个比喻已经远远不够了。一个乐队指挥没有尽到自己的责任，指挥错了，演奏失败，最多得到听众的嘘声。但是，没有能量的领导者站在领导位置上，一旦指挥错误，就会造成企业经营的失误。

为了帮助企业领导者提升领导能力，我画出了一个学术创新经纬体系——经线是管理理论与管理实践的结合，纬线是西方工具与东方哲学的贯通。在本书中，我们进一步着眼于一个现实问题：新经济时代，通过理论创新赋予领导者新的能量，让他们成长为新一代的企业领导者。

这是中国企业领导力学科20年的探索成果。谨以此成果：回报我敬重的老师海闻、邢志清；回报给予我支持与启迪的家人和社会；回报在本学科研究教学中做出突出贡献的同事；回报本书的所有编辑，他们的心血和智慧，是本书不可或缺的重要部分。

导　论
新经济时代的新领导力

| 第一节 |
企业领导者的四象限：从平庸到卓越

施振荣：有格局的企业家

44年前创业，16年前退休，2013年年底重披战袍，8个月之后，施振荣再度走下舞台，将董事长一职交给黄少华。有人说，领导者的主要职责是要搭建舞台。对于施振荣来说，他毫无疑问是这样一位热衷于创造舞台的企业家。当把组织捋顺了，他就选择退居二线，让有能力的人在舞台上发挥。

其实，早在2000年，施振荣就对宏碁集团的组织架构进行了调整，把兼任20年的宏电总经理职务交给林宪铭，同时把宏碁集团旗下的业务划分为5个部分，组建了5个次集团，并把决策权转移给决策小组。决策小组成员包括施振荣自己，以及黄少华、李焜耀、王振堂、林宪铭、彭锦彬，这一举措实际是施振荣在接班问题上提前做准备。在2000年年底，施振荣又把5个次集团合并为3个公司，即宏碁、纬创、明基。其中，宏碁公司成功转型为资讯服务公司，由王振堂执掌；原本负责代工研制服务的部门，分割独立为纬创公司，由林宪铭挂帅；明基则交给李焜耀掌管，自成一格。

2004年年底，施振荣正式从宏碁公司退休，转而成立智融集团，进入创投、咨询顾问和教育训练等领域，毫无保留地分享自己的创业和管理经验。在重视家族经营模式的台湾企业中，极少有施振荣这样的企业家，把经营20多年的集团企业交由一群职业经理人去管理。不难看出，这需要企业家拥有宽广的胸襟和大的格局。

"人存在的价值是什么？要对社会做什么贡献？"这是施振荣常问自己的两个问题。身为企业领导者，你存在的价值是什么？你对企业、对社会的贡献又是什么？

一、卓越型领导者均衡发展

在一个组织里，领导者个人和组织会有一个匹配的过程。如图1所示，一开始的时候，平庸的组织往往有一个平庸的领导者，这表现在第三象限里：个人能力维度低，组织能力维度低。

领导者的成长与组织的发展一般有两条路径：一是提升自己的能力，成为组织引领者；二是聘请职业经理人，利用他人达成目标。

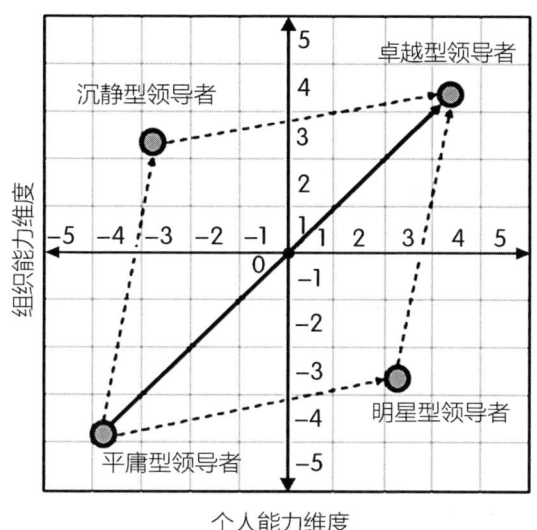

图 1　企业领导者的四象限

1. 通过学习，提升自己的能力

企业领导者在既没有优秀团队，个人能力也不强的情况下，该怎么办？通过学习来提升自己。

牛根生的学习力

蒙牛集团创始人牛根生曾说，许多人注重吃饭，却不注重学习，实际上，学习是最重要的吃饭。他正是这样一个不断通过学习提升自己的企业家。

当牛根生还是个洗奶瓶车间的班组长时，他不仅学习了牛奶的相关知识，还学习了酸奶、奶粉等相关知识，最后，因为他的专业知识比别人多，他被提升为工段长。

在北京大学访学的半年里,牛根生做了大量调查研究,听了很多经济学家的课。除了听课,他还揣摩自己不知道的东西,比如,大学的老师是怎样讲课的?学习有哪些方式方法?思考的角度有哪些?思考的方式又有哪些?……用他的话说就是,只要自己不知道的就去学。

在蒙牛集团的管理中,牛根生同样不停地学习,先是提出"向伊利学习"的口号,之后又向海尔学习海尔自创的全方位优化管理法(OEC)的管理模块。

其实,80%的中国民营企业家都会选择通过学习提升自己的能力。选择了这条路,你就走在了下属的前面,下属就会跟着你走。

2. 聘请能人,提升组织能力

郭台铭在创业之初,就高度重视人才的引进,用他的话来说就是,企业"聚才乃壮"。卢松青、游象富、徐牧基、吕芳铭、戴正吴、蒋浩良、简宜彬等12位事业群总经理,都是跟随他打拼的优秀人才。

美的集团创始人何享健也在不断地寻找能人,最后找到了方洪波。其实,在方洪波之前,何享健还找到了黄健、黄晓明、李飞德、蔡其武等能人。在方洪波接过何享健的接力棒时,美的集团的高层也进行了一次集体调整,美的集团董事会成员几乎都是职业经理人。

美的集团的职业经理人

何享健1968年创业，扎根家电行业五十余年，可谓当今驰骋商界时间最长的企业家之一。何享健打造了自己的商业王国，然后将其去家族化，交给职业经理人打理。用何享健自己的话说就是，美的集团是通过制度来保证企业发展的，不是靠个人，而是靠团队。

在第二届美的集团董事会的成员中，有方洪波、王金亮、江鹏、薛云奎、殷必彤、何剑峰、赵军、刘敏、梁惠铭、钟铮。这10个人，除了何享健的儿子何剑峰和独立董事薛云奎，其余8个人都不是创业元老，都是在20世纪末至21世纪初加入美的集团，由美的集团长期培养的职业经理人。

为什么他们能够做到这样？因为在完成了初步的积累之后，他们有了资本，有了平台。可见，能够大量聘请能人通常要有资金作为支持。可是很多小企业没有资本，也没有平台，怎么办？在这个问题上，创业之初的马云找到了有效的解决方式：向别人分享梦想，然后邀请他们与自己一起去构建梦想，最后共同拥抱梦想。在梦想的指引下，阿里巴巴"十八罗汉"逐渐成形。在马云自己看来，他并不是个聪明的人，他不懂编程、不懂财务、不懂设计，公司里面有人问他的事情，有95%他都不知道。结果是，他成了领导者，因为他用梦想鼓动了一群人。

卓越型领导者秉持这样的理念：就算自己能干，最后也还要发挥团队的作用；就算有了团队，也还要提升个人的领导能力。不发挥团队作用，你就只能是孤家寡人。

李东生：鹰的重生

2002年,"TCL"取代"长虹"成为国内彩电行业的老大,TCL手机也成为国产第一品牌。董事长李东生成为中央电视台"CCTV年度经济人物",到达了个人事业的第一个巅峰。李东生乘胜追击,高歌猛进,开展国际化的业务,比如接手施耐德、入主汤姆逊、收购阿尔卡特等。然而到了2005年,TCL的彩电和手机业务亏损惨重,国际化受挫,损失将近20亿元。2007年,在《福布斯》榜单上,李东生成为"最差老板"。

受挫之后的李东生吸取教训,不断反思,在领导班子上进行了重新调配。经李东生提名,董事会聘任薄连明为总裁,黄旭斌为财务总监,赵忠尧、史万文、贺成明、郭爱平、袁冰为高级副总裁。其中薄连明是会计师出身,非常冷静,堪称职业经理人的典范。

李东生被评为"最差老板",其实从某种意义上说,他也是最好老板。因为从那之后,他开始改变组织结构,起用薄连明等人。李东生的明星光环弱化了,但是,企业发展平稳了很多。

中国企业家里面,有一些人已经进入第一象限。他们走向卓越,个人能力强,组织影响力大,例如柳传志、任正非、施振荣等。

二、沉静型领导者平而不庸

沉静型领导者善于用人,把企业做得有声有色,自己退居幕后。但是,退居幕后用人还不构成沉静型领导者的全部特质,因为在这个时候,领导者不提升自己的话就会被取而代之。

真功夫的"夺权门"

说起"真功夫",许多人知道的是蔡达标,却极少听到潘宇海的名字。其实,真功夫真正的创始人是潘宇海。

1990年,潘宇海创立了"168甜品屋"。

1994年,潘宇海姐姐潘敏峰、姐夫蔡达标经营的五金店倒闭,两人,投奔了潘宇海。潘宇海将"168甜品屋"更名为"168蒸品店",并将50%股份给予蔡达标夫妇。

1997年,"168蒸品店"更名为"东莞市双种子饮食有限公司"。

2003年,蔡达标向潘宇海提出自己出任公司总裁,并且在董事会上承诺5年换届。

2004年,东莞市双种子饮食有限公司确定了企业的总体发展战略,并正式确定品牌名称为"真功夫",企业开始面向全国迅速发展,蔡达标也随之成为明星企业家。

2007年,蔡达标位居胡润餐饮富豪榜第六名,他指派亲信掌控真功夫的采购、供应和财务大权。

2008年至2009年,蔡达标以"去家族化"为名,逐步排挤潘宇海,制订并实施了让潘宇海退出公司的"脱壳计划",且挪用单位资金归个人使用,数额达1800余万元。潘宇海隐忍退让,以至于发展到最后,公司的副总都是蔡达标任命的。实际上,由于蔡达标长时间地暗箱操作,潘宇海基本丧失了实际的决策权。

你要想成为沉静型领导者,就要明白沉静型领导者的真谛。美国哈佛商学院的巴达拉克教授在2002年曾经写过一本书,叫作《沉静领导》,说的是有一些领导者,"他们选择负责任的、低调的、在幕后的方式,来解决各种问题,而不是扮演公众英雄"。事业高调,为人低调,这样的企业领导者是大众比较欣赏的。此前,诸多学者也一直把沉静型领导者看作最上等的领导者,但在日新月异的经济环境中,沉静型领导者相比卓越型领导者,还存在一定差距。

三、平庸型领导者招致失败

北宋宣和七年(1125年),金军兵临宋朝都城汴梁,宋徽宗赵佶听到消息后大惊失色,急急忙忙地把皇位传给了长子赵桓(宋钦宗)。换了皇帝是不是就能够力挽狂澜?我们看到的是,宋钦宗同样缺少抵御敌人的勇气,结果割地求和,把当时的太原、中山、河间三镇割让给了金国。靖康元年(1126年)八月,金军卷土重来,兵分东西两路进攻北宋都城。同年闰十一月,徽、钦二帝被俘。金帝封徽宗为"昏德公",封钦宗为"重昏侯"。

"昏德公""重昏侯",说法虽然带有侮辱性,但也符合事实,并没有言过其实。为什么?平庸型领导者,自己没有能力,又不会用人;既没有发挥个人的能量,又没有发挥组织的能量,关键时刻不能力挽狂澜。在企业界中,这种"昏德公""重昏侯"也不在少数。通常我们说的无名之人,其实更多的是无能之辈。很多时候,平庸型领导者往往因为经营不善,导致企业亏损甚至倒闭。从表象来看,平庸型领导者与沉静型领导者有些相似,实际上,平庸型领导者无功无名,沉静型领导者则有功无名,两者最根本的区别不在名,而在功。

四、明星型领导者后继乏人

一般情况下,企业领导者的个人能力明显高于组织能力的时候,领导者往往会成为明星。企业界里,这样的领导者比比皆是。但是,研究发现,明星型领导者通常会后继乏人,譬如苹果公司的史蒂夫·乔布斯。

作为苹果公司的创始人,乔布斯在 1985 年曾被驱逐出苹果公司,但又在 1996 年返回苹果公司,并将公司从破产边缘拉回。2007 年,乔布斯推出了首款智能手机,从此彻底改变了手机行业。5 年时间,这款产品引领全球科技潮流,苹果公司的股价一路飙升。2012 年 8 月 21 日,苹果公司以市值 6235 亿美元成为世界市值第一的上市公司。这是科技史上的一个神话,乔布斯成了一个传奇人物。

不仅在苹果公司内部,对全世界的企业来说,乔布斯都是一座难以逾越的高峰,在他的巨大光环下,新任首席执行官(CEO)蒂姆·库克想要延续辉煌并不容易。苹果公司的营收增长率下降了。此外,苹果公司的产品基本上保留了以前的特征,只做改进,创新不足。苹果公司的创新基因只在一个人身上,链条一旦断裂,产品乏善可陈。以前它引领市场潮流,如今它成了市场追随者,身陷行业竞争之中。这就是明星型领导者后继乏人的表现。

在研究企业发展的规律时,我们发现,经营失败的原因在于失衡。领导者如果只提升自己的能力,不注重组织能力的强化,结果就是自己充当英雄,冲锋陷阵,精疲力竭;如果领导者在用能人的情况下,不提升个人能力,组织很可能就会失控。大部分领导者都走了弯路。作为新经济形势下的企业领导者,你的成长路径应该如何规划才是最优的?通过对问题的解读和经验的积累,我们探索到了这样一条最佳路线——从平庸走向卓越,让你和你的组织始终保持均衡发展。

第二节
领导力发现之旅：从体验到提炼

领导强度：李一男 VS 任正非

1993年，李一男研究生毕业就进入华为技术有限公司（以下简称"华为"），并得到任正非的破格重用，升为工程师；工作半个月就被提升为主任工程师；半年后，因为工作出色，出任华为中央研究部副总经理；两年后，被提拔为华为中央研究部总裁，成为华为总工程师；27岁就成为华为副总裁，主管技术。同事对他的评价是，李一男太像任正非了。也许正因为很像，所以任正非对李一男非常欣赏。

2000年年底，李一男从华为带走了价值1000万元的设备及100多名研发骨干，创办了北京港湾网络有限公司（以下简称"港湾"）。李一男说过："做代理不怕，公司小也不怕，就怕没有一个成为大公司的梦想。"5年之后，港湾发展成拥有1000多人、规模不小的企业。可见李一男是有相当的领导能力的。

即便用了那么厉害的人,任正非也没有被替代。为什么?李一男虽然有领导能力,但是与领导数万人的任正非相比,两者在领导力上高低立现。

到底什么是领导力?领导者要有什么样的素质呢?

一、领导力是什么

其实,领导力就像一个魔方,不同的群体看到了魔方不同的侧面。

美国通用电气公司(以下简称"通用电气")前CEO杰克·韦尔奇,他的"好奇心推动""有勇气做决定""员工拥抱梦想",以及"一致、简化、重复、坚持",都是一些基本的领导力方法。联想集团创始人柳传志,他的"定战略""抓班子""带队伍",也是领导力的基本方法。

研究领导力的学院派有两种不同的主张。一个是领导力理论大师沃伦·本尼斯,他在领导力上的探索主要是自我管理、注意力管理和信任管理;另一个是世界组织行为学大师保罗·赫塞,他强调培养能力、执行能力和激活意愿。

在学院派之外,对领导力理论做出较大贡献的包括约翰·麦斯威尔和盖伊·黑尔。其中,约翰·麦斯威尔在理论上没有太多新的突破,而是作为一个整合者,从多个维度提出了领导力法则。例如,直觉法则,强调悟性;导航法则,领导者要为下属导航;亲和力法则，领导者要和大家打成一片；绩效倍增法则，得其人然后得其效。盖伊·黑尔则提出了情境原因分析和决策计划分析，主要涉及领导者的思维方式，只是领导力的一个方法，而非领导力系统。

我们通过对各方理论的研究和共性的梳理，得出结论：领导力无非领导者的六种能力——决断力、推行力、组织力、影响力、学习力、教导力（见表1）。

表1 领导力的六个方面

		决断力	推行力	组织力	影响力	学习力	教导力
商业	杰克·韦尔奇	有勇气做决定	一致、简单、重复、坚持		员工拥抱梦想	好奇心推动	
	柳传志	定战略		带队伍			抓班子
教育	沃伦·本尼斯	注意力管理			信任管理	自我管理	
	保罗·赫塞		执行任务准备	激活意愿			培养能力
培训	盖伊·黑尔	决策计划分析				情境原因分析	
	约翰·麦斯威尔	导航法则			亲和力法则	直觉法则	绩效倍增法则

① 决断力：判断行动的时间、空间、内容与形式，选择最优行动方案的能力。

② 推行力：推动执行，优质、高效地将决策转化为成果的能力。

③ 组织力：设计组织结构、配置组织资源、优化组织系统的能力。

④ 影响力：通过非权力的方式改变他人心智模式与行为方式的能力。

⑤ 学习力：把知识资源转化为知识资本，并通过创新让知识资本增值的能力。

⑥ 教导力：将信仰、品格、能力和知识扩展给他人或团队的能力。

这六个维度是一个整体——领导力不是某种单独的能力，而是一个能力系统。

"记忆力之父"托尼·博赞发现，人类学习的时候如果把知识画成一个图，就会方便记忆，他由此提出"思维导图"的概念。那么，能不能把上述六种能力建成一个模型，让领导者对照着模型就能够一目了然，明白自己所处的维度，以便加以改进？在对领导力进行多年研究，并整合它们内在的逻辑之后，我们建立了一个领导力模型，如图2所示。

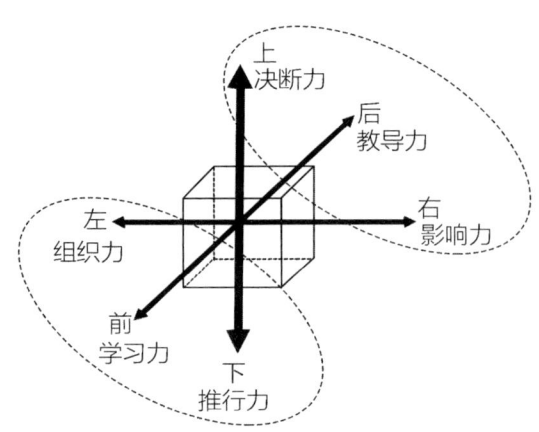

图2　领导力模型

二、六个力之间的关系

决断力、推行力、组织力、影响力、学习力、教导力这六项能力有什么样的逻辑关系？

一上一下：决断力和推行力。决断力主要表现在思考上，推行力主要表现在行动上。思考决定行动。一个组织仅有决策没有行动，或者没有决策盲目行动，都无法走向成功。上有决断下有行动，决策才能落地。

一左一右：组织力和影响力。在传统层面上，科学家把大脑分为两个部分：左脑和右脑。其中左脑主管意识层，代表着理性；右脑主管潜意识层，代表着直觉。在延伸层面上，领导者的左脑主管组织规则，主要在于整合资源，管理制度、流程等硬性因素；右脑主管情绪，即领导者个人的号召力、个人魅力、企业文化等软性因素，此外，左脑决定成长速度，右脑决定成就厚度，两者要均衡发展。

一前一后：学习力和教导力。没有知识不行，有了知识不用也不行。所以，领导者有了学习力，还要有育人的教导力，这是一个承前启后的关系。

领导力不是一种单独的能力。领导者只有一种力量，很难成为卓越型领导者。有组织力没有影响力，有学习力没有教导力，有决断力没有推行力，都会出现一系列问题，因为六力之间是交互作用的。

三、三个维度，三重能量波

通过上、下、左、右、前、后六个面，我们看到的是一个六度空间。在一个组织中，一上一下的决断力和推行力是组织达成目标的保障，一左一右的组织力和影响力是组织维系关系的保障，一前一后的学习力和教导力是组织与时俱进、持续发展的保障。这又构成领导行为的三个维度，组成一个巨大的能量场。用坐标图来示意就会发现，领导行为由三重能量波交织而成，如图3所示。

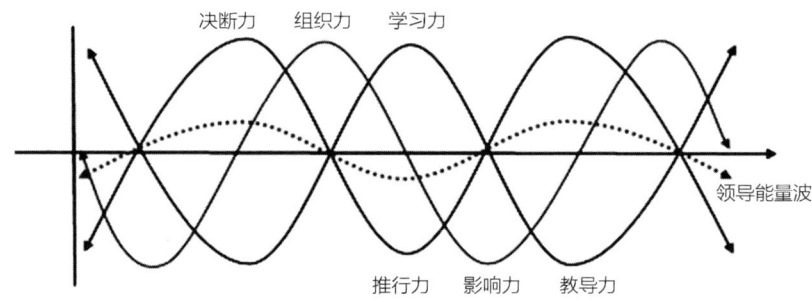

图 3　领导行为的能量波

领导者施加影响的过程，就是放射这三种能量波的过程。能量在波浪行进过程中，偏离平衡位置的最大值，也就是从波顶到水平中线的垂直距离，就是领导能量强度。

能量波的振幅越宽，强度越大，影响的人越多。一个人的能量波如果强度小，影响数人，他只能做个英雄；能影响数百数千人，他就具备了成为卓越型领导者的潜质。

导论　新经济时代的新领导力

| 第三节 |
六维领导力模型

凭什么创造变革奇迹

在美国计算机行业中，无人不知国际商业机器公司（IBM）。自20世纪50年代开始到80年代，IBM几乎一直占据着计算机领域的霸主地位。然而，到了1990年，这个计算机行业的巨无霸风光不再，并开始亏损。到1993年，IBM累计亏损168亿美元。几乎所有业内人士都不看好IBM的前景。

1993年4月，奉命于危难的路易斯·郭士纳接手IBM，担任董事长兼CEO。对于郭士纳的上任，全世界一片哗然，因为在此之前，郭士纳从来没在计算机行业工作过。郭士纳毫不讳言自己是个外行。结果怎么样？1994年，IBM恢复了盈利；1996年，IBM股票一度上涨到每股158.5美元……IBM奇迹般重生。

那么，郭士纳靠的是什么能力？其实，他施展的并不是计算机方面的专业能力，而是他多年积累的管理经验。郭士纳上任后，有针对性地实施了几个强有力的措施（改变士气、服务第一、零距离管理、精简机构等），让员工各司其职，完成组织的目标，最终让IBM起死回生。

如果你身在郭士纳的处境，临危受命，你该怎样去挽救企业于既倒之际？

一、领导者最重要的能力是领导力

有了领导力，其他力就有了原初的动力。有了领导力，就能够集合他人的力量来完成组织的绩效目标。从这个意义上说，领导者最重要的能力就是领导力。

郭士纳之所以能够力挽狂澜，让IBM转危为安，正是由于他的领导力。郭士纳提出的"变革领导八原则"推动了IBM大刀阔斧的改革。

郭士纳：变革领导八原则

1.我按照原则而不是流程、程序管理。

2.市场决定我们的一切行为。

3.我是一个深深地相信质量、强有力的竞争战略与规划、团队合作、绩效工资制和商业道德责任的人。

4.我渴求那些能够解决问题和帮助同事解决问题的人，我会开除那些政客式的人。

5. 我将致力于战略的制定，剩下的执行战略的任务就是你们的事了。只需以非正规的方式让我知道相关的信息。不要隐瞒坏消息，我痛恨意外之事；不要试图在我面前说谎；要在生产线以外解决问题，不要把问题带到生产线上。

6. 动作要快。不要怕犯错误，即便犯错误，也要是因为我们动作太快而不是太慢。

7. 我很少有等级制度的观念。无论是谁，也无论其职务高低，只要有助于解决问题，大家就要在一起商量解决。要将委员会会议和各种会议减少到最低限度。取消委员会决策制度。让我们有更多坦率和直截了当的交流。

8. 我对技术并不精通，我需要学习，但是不要指望我成为一名技术专家。分公司的负责人必须能够为我解释各种商业用语。

纽约市前市长朱利安尼同样具有强大的领导力。朱利安尼担任纽约市市长期间，主要政绩是减少犯罪行为，改变纽约在人们心目中"不可治理"的形象，提升纽约人的生活品质。朱利安尼出色的领导能力赢得广泛赞誉，使他成为《时代周刊》"年度风云人物"，获得了"美国市长"的荣誉。那他是怎样做到的？用他自己的话说：

"领导者要有自己的哲学。如果人家说什么你都同意，你就不是领导者。……只要超过51%的人指出一种方向，我就朝这方向说'不'，因为如果不这样，我就不会是一个领导者，而是一个从众者。"

二、领导力的雷达模型

领导力是以责任为核心,以目标为导向,激发团队潜能,进而创造组织绩效的能力系统。如前所述,这个能力系统包含六个力,用雷达图来表示就是这样一个模型,如图4所示。

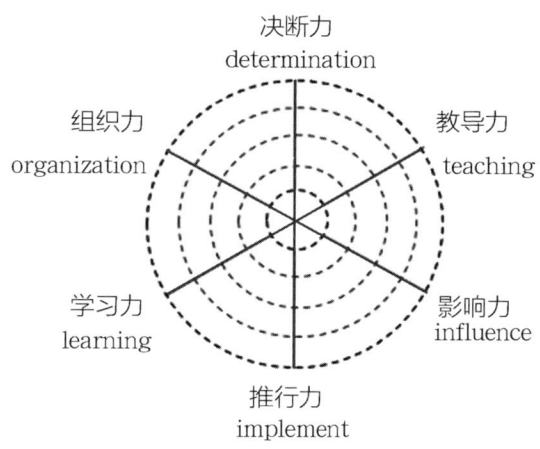

图4 领导力的雷达模型

这六个力互为照应,互为补充。有了这个模型,领导者可以检测自己的领导现状:教导力足不足,推行力够不够,影响力是否受限……找准了短项,才能有的放矢,改进自己。

美国管理学家劳伦斯·彼得提出:一只木桶要盛满水,必须每块木板都一样平齐并且没有破损,如果有一块木板不齐或者某块木板下面有破洞,这只木桶就无法盛满水。短板制约整个木桶装水的容量,这就是著名的木桶理论,也称为短板效应。与短板效应同理:短项的能力也会影响整体领导力的发挥。

如图5所示,领导者的决断力、组织力和教导力是他的长处,但学习力、推行力和影响力是他的短板。在这样的情况下，领导者有两个解决方法，一个方法是提升学习力、推行力和影响力，以便变成图6所示的状态——领导力趋于正六边形。

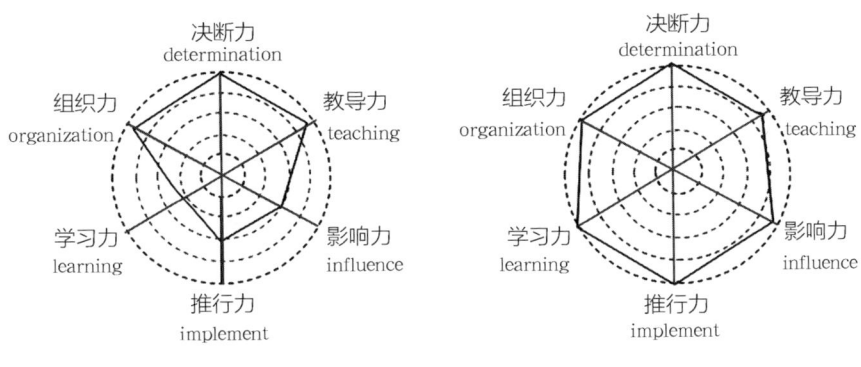

图5　不均衡的六力　　　　图6　均衡的六力

另外一个方法，不再要求领导者自身的完善，因为完善是一个持续的、长期的过程，更快速的解决方法是用人。在传统经济形势下，领导者往往会找与自己能力相似的人，如图7所示。

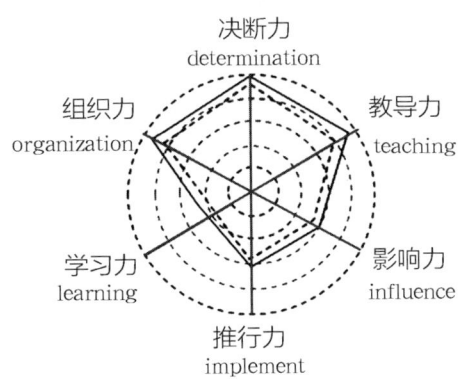

图7　寻找与自己能力相似的人

但是，寻找与自己能力相似的人，结果就是团队的领导力还是不均衡。研究发现，真正成功的领导者在用人时，并不是找与自己能力相似的人，而是找与自己能力互补的人，如图8所示。

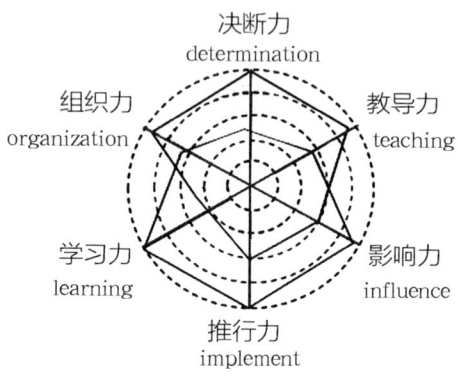

图8　寻找与自己能力互补的人

三、不完美的个人可以组成完美的团队

我们发现这样一个现象：优秀的领导者并不都是完美的人。那么，能力有缺陷的企业管理者怎样才能成为卓越型领导者？

重点落在对领导力的关注上，让你的领导班子弥补你的缺陷。乔布斯也是一个有缺陷的人，他为人冷酷、偏执，他追求产品的极致化却不顾成本，但是，不完美的乔布斯创造了奇迹。乔布斯于1996年重回苹果公司。在重掌公司大权的第二年，乔布斯完成了新的领导班子的组建，把库克从康柏公司挖到了苹果公司。在很多方面，库克跟乔布斯截然相反。乔布斯像一团火焰，激情四射，容易爆发；而库克就像一汪海水，温和冷静，彬彬有礼。此外，乔布斯专注于公司产品的每一个细节，库克则专注于企业运营过程中不太引人关注的琐碎工作。不完美的个人可以组成完美的团队。当他们有机地组合起来之后，整个团队就拥有了均衡的动力系统。

通常我们可能最倾向于跟与自己相同或者相似的人搭档，其实，选择跟与自己不同的人搭档，可能他的做事风格、做事方式与你的不一样，但你们在能力上是互补的。对企业而言，你们具有互补的能力，扬长避短，共同努力，才能出色地完成任务。

如果领导者是急性子，那么经理人最好是慢性子；如果领导者在决策上优柔寡断，那么搭档必须是一个果断的人；如果领导者没有幽默感，那么下属最好风趣幽默；等等。比如微软公司的比尔·盖茨和史蒂夫·鲍尔默。比尔·盖茨认为自身亲和力不够，而史蒂夫·鲍尔默的亲和力及超人的煽动力令他欣赏，所以他选择了史蒂夫·鲍尔默，形成性格上的互补。最后大家看到的，一个是微软的"魂"，一个是微软的"神"。

新经济时代，领导者应该找到可以弥补自己或者团队现有缺点的合作人。有和企业领导者互补的人，由不完美的个人构成完美的团队，这样的企业才是优秀的企业。

| 第四节 |
企业领导者的核心品质：责任与使命

把责任升华成使命的好时

好时小镇原名德里镇，这里原来是一片牧场，空旷荒凉，少有人烟。

1857年，弥尔顿·好时出生在这个小镇。1903年，46岁的弥尔顿·好时在小镇里创建巧克力工厂，后来企业逐步壮大，"好时"（HERSHEY'S）品牌名扬天下，偏僻的德里小镇慢慢发展成一个香味四溢的巧克力王国，德里镇于是更名为"好时"。到了2017年，好时镇已经拥有三家现代化的巧克力工厂，成为世界上最大的巧克力产地，每天生产的巧克力仅一个品种就多达3300万颗。小镇已经成为美国负有盛名的巧克力主题旅游地，每年有数十万游客到此来体验《查理与巧克力工厂》中的梦幻场景，温馨的小镇氛围令人流连忘返。

好时镇是一个典型的"公司镇"，弥尔顿·好时以他的智慧和长远眼光设计了这里的一切,在公司的商业利益与社区利益之间建立了水乳交融的关系。全镇 2 万多人中,好时公司的员工、家属以及好时学校的志愿者超过 3/4。然而,好时镇的管理者不是弥尔顿·好时家族的人,也不是好时公司,而是一个由居民选出的 5 人委员会。

不仅如此,小镇上的好时学校更让人感到骄傲。好时夫妇在遗嘱中注明,把好时公司 70% 的股份用于建立好时基金,而学校是这个基金的拥有者。这所只有 1500 人的中学是全美第五富有的学校,拥有资产已经超过 90 亿美元。学校凭借雄厚的资本,收留和培养美国各地的孤儿,为他们每人提供 7 万美元的资助,用以获取良好的教育条件和舒适的生活。好时公司的员工或者社区志愿者会充当孤儿的临时父母,为他们的人生提供帮助和指导。

2002 年,好时公司曾考虑将公司出售获利,最终,好时基金的反对票阻止了出售方案,理由是:金钱无法换取好时创造的温暖文化,以及与这个小镇的亲密关系。

一、领导力的轴心

在领导力模型中,六个力就好像车轮的辐条。一辆车要安全平稳地运行,它的车轮的轴心就要稳。如果没有轴心,辐条就没有了支撑点,在行驶过程中,轻则出现摇摆、抖动、颠簸等现象,重则轮子散架,车毁人亡。那么领导力的轴心是什么?先来看一看卓越的组织形态。

在前文中,我们把领导力定义为"以责任为核心,以目标为导向,激发团队潜能,继而创造组织绩效的能力系统"。领导力不是一项单一的能力，而是一个能力系统，这个系统包含了六个力，六个力的交点就是责任，让六个力真正发生作用的内动力是负责。也就是说，责任是领导力的轴心。

对于一个组织来说，"领导"是一个可以多层次理解的词，浅层次的含义是领导组织，深层次的含义意味着承担责任。那么，什么是责任？一个人基于社会角色而产生的义务就叫作责任。领导者是负责任的人，如果没有责任，能力再大也没有用处，不负责任的人当了领导就是组织的灾难。可以说，领导者的责任感比能力更重要。

二、企业领导者的七项责任

领导力是一种系统能力，根植于价值观：一是根植于责任感与使命感，二是根植于以人为本等行为准则，三是根植于自律、忠诚与协作等组织行为，四是根植于教养、诚信、执着等人格素养。其中，责任感与使命感都是领导艺术的核心。企业领导者应该担负的责任如图9所示。

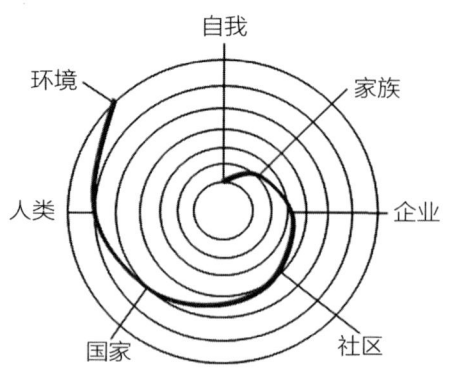

图9　企业领导者的七项责任

1. 对自我的责任

履行责任的根基是对自我负责。人生在世，社会角色不断变化，不管角色如何改变，每一个人都必须对自己负责。领导者对自我负责，首要的一点就是关心自己的健康。

2. 对家族的责任

热爱家庭，努力创造和谐的家庭气氛，履行和担负起家庭日常的各种责任，以及承担家族的发展与兴旺的责任。

3. 对企业的责任

企业的领导者必须对企业的未来和发展负责，要在其位，司其职，负其责。

4. 对社区的责任

领导者对社区有哪些责任？关心社区的各项集体活动，行使好自己的各项权力，承担并完成集体赋予的任务，为集体的建设出谋划策。如果组成一个社区的每个成员都是勇于担负责任的人，那么这一定会是一个高质量、有效率的社区。

5. 对国家的责任

挪威戏剧大师易卜生说过一句话："社会犹如一条船，每个人都要有掌舵的准备。"每个人都要勇于承担社会责任，把国家发展富强和民族伟大复兴视为己任，把自己企业的发展同国家的需要结合起来。

6. 对人类的责任

对人类社会有深刻的理解,努力为世界和平及人类幸福做出贡献,对人类有害的事要绝对禁止。

7. 对环境的责任

1987年,由世界环境与发展委员会发表的报告书《我们共同的未来》,把可持续发展定义为"既满足当代人的需要,又不对后代人满足其需要的能力构成危害的发展"。可持续发展是一个密不可分的系统,既要达到经济发展的目的,又要保护好人类赖以生存的资源和环境。对环境负责,是社会经济能进一步发展的前提,也是可持续发展的保障,这是每一个卓越领导者都必须担负的责任。

林肯这样说过:"每一个人都应该有这样的信心:人所能负的责任,我必能负;人所不能负的责任,我亦能负。如此,你才能磨炼自己,求得更高的知识而进入更高的境界。"责任不同,境界不同,我们发现,领导责任有这样五重境界:第一层境界——明确人生的七重责任,第二层境界——从自我负责出发,第三层境界——将最高责任设置为使命,第四层境界——勇于承担责任与使命,第五层境界——让使命点燃生命!

三、领导力 = 责任 + 能力

领导者总是有太多的烦恼。为什么?担负的责任越大,烦恼越多。企业的初级阶段,有烦恼;发展到高级阶段,成熟了,有更多的烦恼。没市场，没人才，没资金，烦恼；有市场，有人才，还是烦恼。为什么？市场有了，但是竞争对手也有了，烦恼；人才有了，但是人才开始向你发出挑战，烦恼。此外，企业也是个社会人，要梳理各种社会关系，烦恼。怎么办？

有这样一个公式：烦恼 = 责任 / 能力。

根据这个公式，我们可以找到解决烦恼的方法。

算一下你的烦恼。在责任一定的前提下，如果能力大了，那相对地说，烦恼就会少；如果能力小了，烦恼就会多。如果责任是100，能力是1，那么，烦恼是100；如果责任是1，能力是100，烦恼就成了1%。一个比较理想的比例是：责任80，能力100。当烦恼来了的时候，先静下来想想，是不是能力出了问题。提升能力才是解决烦恼最根本的办法。

第一章
先时而变的学习力

第一节
全球进入新经济时代

扎克伯格：互联网时代的传奇

马克·扎克伯格，知名社交网站"脸书"（Facebook）的创始人和CEO。2004年，扎克伯格与其同学达斯汀·莫斯科维兹等人共同创建了脸书。2010年，扎克伯格被《时代周刊》评选为"2010年度风云人物"。2017年，扎克伯格的个人资产估计为667亿美元，在《福布斯富豪榜》排名第六位；2018年，扎克伯格超过巴菲特，成为全球第三大富豪。

相对于许多经营上百年的企业来说，脸书不过是家非常年轻的企业，为什么它能够在短短数年内风靡全世界？它体现的是一个什么样的经济模式，为什么能够带来巨额收入？企业领导者又能够从中领悟到什么？

一、新经济的定义

给新经济下一个定义,就是:建立在信息技术、变革创新和全球化基础上的可持续发展的经济形态。其最主要的特征体现在发展速度和发展规模远远超过了传统经济。

二、传统经济和新经济的区别

今天,新经济的浪潮已经席卷全球,我们已经从传统经济时代进入新经济时代。那么,传统经济和新经济的区别在哪里?

传统经济和新经济的根本区别在于三个支柱的不同。

传统经济的三个支柱是精工制造、标准化和规模效应(见图1-1)。传统经济在较长时期内呈现出来的是比较稳定的经济形态,因此形成了周期性发展的特点。

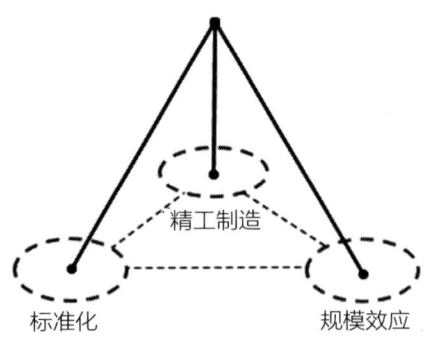

图1-1 传统经济的三个支柱

新经济同样具备三个支柱,分别是信息技术、全球化和变革创新(见图1-2)。新经济是在较短时期内波动相对较大的一种经济形态，它以变革创新为发展特点，所以呈现出可持续发展的特点。

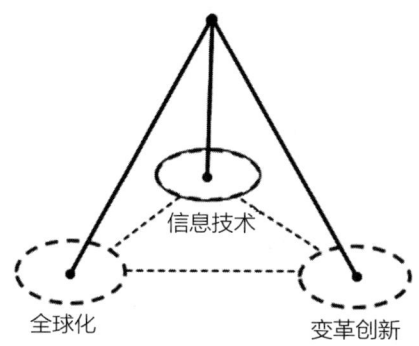

图 1-2 新经济三个支柱

传统经济时代，由于没有把变革创新作为发展的支撑点，也未把可持续发展作为发展的终极性策略，在经济环境发生变化、遇到重大问题时，就会出现经济萧条，之后通过修复又短暂地呈现兴盛状态。

新经济时代，变革创新成为主要手段，可持续发展成为常态目标。在这种情境下，如果你的企业创新性不足，就会被别的企业超越，你的企业将会被淘汰出局。在这样的环境下，能够生存下来的企业将会呈现出十倍甚至百倍的崛起力量。

三、新经济时代的挑战

工业革命时代，企业发展基本上以规模效益为手段，以满足人们的物质需求为基本的增长方式。但是，新经济时代是一个信息技术革命的时代，不再以规模效益为企业发展的主要手段，而以知识创新为主要手段，以满足精神需求为基本的经济增长方式。

在新经济背景下，企业领导者必须能准确把握新的形势、新的机遇，同时，还要规避新经济带来的危险，灵活应对挑战。那么，新经济大潮下，企业领导者将会面临哪些挑战呢？

1. 变化对远见的挑战

时代在不断变化，既要准确把握形势变化的动向，又要快速反应，做出行动。这就好比打网球，反复练习，无非要掌握好角度和力度，但是角度和力度都依赖于反应速度。如果速度没到位，即使跑到位，也不可能快速找到好的角度，没有好的角度就没有好的力度，发不出力来。所以，在经营企业的过程中，面对新经济时代带来的变化，领导者的反应速度要跟得上。反应速度慢了就会落伍。我们知道，企业落伍于时代肯定会被淘汰。真正高明的领导者一定是走在时代前面的。

2. 人力对资本的挑战

传统经济时代下是资本雇用人力。企业雇用员工，用金钱激活员工内力。但是，新经济时代下，企业即使投入大量金钱，也未必能有满意的回报。为什么？新经济条件下，企业的发展支点是创新。资本只能满足物质要求，它不可能创新，创新是由人驱动的。所以，只有人力有能力挑战资本。

人力开始挑战资本，而且人力的价格是呈上升趋势的，现在人力已经变成了另一种资本，叫作"知本"，也就是知识资本。知本是一种能量更大的资本，金钱资本在它面前也得低下高贵的头。

3. 创新对规则的挑战

做企业有很多规则，成功的企业家往往挑战规则，失败的企业家则一味遵守规则。其实每一次创新都是对旧规则的挑战。要想挑战规则，不仅要不拘成法，更要打破成法。关键在于既要挑战成法，又不能违背客观规律，这就有一个尺度。所以，怎么创新，是每一位企业家都要思考的关键问题。活路是自己走出来的，绝路也是自己走出来的，不会创新，最终就会撞上墙。

4. 智慧对勤奋的挑战

在进行资本原始积累的时候，老一代企业家都说要勤奋，新一代企业家却用了几年的时间就创造了跟老一代企业家一样多的财富。勤奋到底起到什么样的作用呢？俗话说，一分耕耘，一分收获。但如果耕耘错了地，一分耕耘就没有一分收获；耕耘对了地，一分耕耘可能会有百分、千分甚至万分收获。在新经济时代，企业家过去赖以成功的要素现在遭遇了挑战，勤奋固然重要，智慧更是必不可少。

5. 个人对组织的挑战

个人怎么挑战组织？事实上，个人有各式各样的方式挑战组织。例如，在新经济时代，个人能力的发展有了更大的空间和更多的机会，个人更多地追求个性的自由和张扬，对组织的依附度和忠诚度呈下降趋势。

6. 信念对权威的挑战

在新经济时代，社会由全景社会进入共景社会，员工多元化的认识、多元化的存在、多元化的意识开始挑战老板的权威。在信息不发达的时代，出现的重大事件都会在舆论的影响和控制之中。如今，信息产业高速发展，特别是微博、微信等互联网工具被广泛使用，发生了某个事件，成千上万的网民参与进来，发表评论，转发传播，不受时空限制，形成舆论压力。微小的力量如果聚集起来，就会形成巨大的威力。当一种理念聚集起来的时候，小沙粒就会变成"沙尘暴"。

四、应对挑战就必须具备学习力

在新经济时代，企业领导者必须面临上述全新的挑战。要想很好地应对这些挑战，领导者应该具备与时俱进的原动力，也就是学习力。

为什么学习力是领导力的第一种能力？因为学习力是母能力，所有的能力都自学习而来。

学习力有如下三大定律。

1. 学习速度大于环境变化速度，才是竞争优势

学习不等于竞争优势，学习的速度要大于环境变化的速度，学习才是竞争优势。为什么很多人越学越落后？其实是因为学习的速度跟不上环境变化的速度。

2. 领导者的学习力大于下属的学习力，才是领导优势

很多领导者经常让下属参加培训学习，结果下属比自己学得快，自己的资讯、能力、技能等就变得落后。这个时候，不产生领导力。

3. 学习内容 × 学习模式 = 学习绩效

学习的内容不同，学习的模式不同，所产生的学习绩效就会大不相同。学习有哪些模式呢？我们归纳为这四种：整合式学习、反思式学习、赶超式学习、研制式学习。要通过不同模式的学习提升领导力，才能轻松获得竞争优势。

| 第二节 |
驾驭新经济需要新领导力

情境领导模式的二维解析

美国行为学家保罗·赫塞率先提出了"情境领导模式"理论：在领导和管理公司或团队时，不能用一成不变的方法，要随着情况和环境的改变及员工的不同，改变领导和管理的方式。

情境领导模式的二维解析是：领导者根据员工的准备度，选择合适的管理方式。在四种不同的准备度水平下，有四种不同的领导风格。

第一维度：准备度1，即R1水平的员工，缺乏技能，也没有意愿，领导者需要明确指示为什么做、做什么及怎么做，对应风格是S1命令式领导。

第二维度：准备度2，即R2水平的员工，缺乏技能，但有工作意愿和学习的动机，领导者需要给予必要的训练或指导，对应风格是

S2教练式领导。

第三维度：准备度3，即R3水平的员工，具备足够的技能，但缺乏信心与意愿，领导者需要给予激励，对应风格是S3参与式领导。

第四维度：准备度4，即R4水平的员工，有足够的能力、意愿和信心，领导者应当放手，对应风格是S4授权式领导。

保罗·赫塞的情境领导模式是目前全世界最权威的领导力理论之一，为学界、社会和政府所认可，影响了全世界的领导力教育和日常的领导力实践。情境领导模式的一个主要推论是：被领导者变了，领导模式随之改变。

一、传统领导模式的困境

学过数学函数的人都知道，在函数关系式中，某些特定的因素会随其他因素变动而变动。如：$y=f(x)$，在这个公式中，y是因变量，x是自变量，y随x的变化而变化。如果把领导者和员工看成函数的两个因素，根据情境领导模式理论，领导者因员工的变化而做出相应对策与行为的变化，由此可发现，领导者是因变量，员工是自变量。在传统经济环境下，领导者的管理方式往往是因人而异的。但是，在新经济时代，环境不断变化，加入了环境的因素，传统的领导模式遭到了挑战。

在新经济时代，信息技术不断更新，组织不断变革创新，一切瞬息万变。很多时候，环境变了，员工没变，领导者是适应环境还是适应员工？你要是适应环境，你就会变革；你要是适应员工，往往会失败。好比发生了火灾，情况紧急，员工岿然不动，你还要适应员工吗？答案是否定的。新经济时代的领导者要适应环境，就必须强制员工做出改变。为什么我们很多改革没有成效？就是因为领导者应对的不是环境，而是员工。所以，环境变了，领导者和员工都得变，而且卓越的领导者还要主动地变、因时而变、先时而变。

也就是说，领导者是根据员工变还是根据环境变，不同的情境假设下有不同的推论。

推论1：员工变了，领导模式随之改变。

推论2：环境变了，领导者和员工都得变，且领导者要先时而变。

其中，推论1适合不变的环境，推论2适合变化的环境。更进一步，员工是领导力的微观环境，属于小情境，对组织绩效而言，外部市场是宏观环境，属于大情境，领导者需要适应的首先是宏观环境变化，其次是微观环境变化。

二、新经济时代的领导模式

根据情境领导模式原理，不同的领导情境下，领导方式是不同的。在新经济时代下，企业领导者要有什么样的领导方式呢？

在新经济时代，企业领导情境通常有两个维度：常规期和变革期。不同时期领导方式不同，所呈现的发展状态也会不同。企业在常规期，领导者用民主型的领导方式，体现的发展特征是"平稳"；用集权型的领导方式，体现的发展特征是"动荡"。所以，如果企业发展处于常规期，领导者必须放权。企业在变革期，领导者使用民主型的领导方式，往往会使企业发展迟缓，甚至原地踏步；用集权型的领导方式，进行大刀阔斧的改革，才会带来剧变，让企业在动荡的环境中屹立不倒。

那么，民主型领导和集权型领导有什么不同？可以从以下三个维度去理解。

1. 战略方向

常规管理要求维持均衡，产生持续利润，这个时候要求更多的是经理人素质。

变革管理要求打破均衡，开辟新的利润源。从战略方向上讲，领导者在新经济时代要打破均衡，要有企业家精神。有人说世界是平的，但你必须让自己是不平的，让自己站到很高的位置上才行。

2. 管理手段

常规环境要求维护制度，人人都在制度之下，遵从制度，哪怕是领导者，犯了错误也照样接受处罚。

变革时期要挑战制度，打破规章制度，不拘成法。不管黑猫白猫，抓住耗子就是好猫。

德国的一家百年老店在经营遇到问题的时候，要变革改造，于是聘请一位职业经理人担任CEO，来解决问题。当企业走上正轨后，董事会决定解聘这位职业经理人。对于这种情况，一般我们会说，"卸磨杀驴"。但是这位职业经理人看问题非常透彻，他说："我适合变革期，不适合常规期，董事会的决定是对的，我是为动荡而生的。常规期，别人比我更好。"其实，每个人都有自己的特点，有的人适合常规管理，有的人适合变革管理。当企业经历了剧烈变革之后，步入稳定成长的阶段，这个时候已经不能再折腾了。从变革期到常规期，领导方式也得跟着变化。

3. 素质特征

面临常规性问题，需要经理人素质；面临非常规问题，需要企业家精神。那么，经理人素质和企业家精神有什么不同？前者讲究慢工细活，贵在耐心与精细；后者面对不确定性，贵在眼力和勇气。我们用不同类型的运动员做类比。

日复一日，年复一年，始终如一，这是耐力型运动员，这种人特别适合做经理人。但是，企业家要做的是爆发型运动员。如果既做企业家又做经理人，那必须两种能力都有，像足球运动员一样，既有耐力又有爆发力。所以，经理人侧重平衡协调各个方面的关系；而企业家侧重解决重大问题，且不会一味遵循成法，能够灵活转变角色和方式。企业家精神的本质是创造、创新。

经理人和企业家是两种不同的动物，适合不同时期。经理人素质最适合常规管理，企业家精神适合变革管理。这两种素质是很难兼得的，不能说哪种素质好、哪种素质不好，适合所处的情境才是最重要的。同时，领导者必须清晰地意识到，领导方式不是一成不变的，领导者应该随着客观环境的变化来调整领导方式。但很多时候，一些领导者不愿意改变自己。其实是这样：企业在不断发展，如果你把过去拥抱得太紧，就很难腾出手去拥抱未来。

第三节
整合式学习：优化知识结构

读错一本书，走了十年弯路

北京亚都科技股份有限公司（以下简称"亚都"）董事长何鲁敏特别爱学习，到了求知若渴的程度。留学归来的时候，他还带回了很多技术资料。他是清华大学工科出身，没有学过管理，在创办亚都的时候，没有经营企业的经验，所以特别欣赏欧美的管理著作。有一次，他从朋友那儿得到一本美国管理学家的专著，是对美国43家企业成功案例的介绍和分析。他废寝忘食地研读数遍，非常激动，深受影响。书中总结了美国成功公司的经验，其中有一个基本观点是：人是崇尚自由的，企业不要严格管理，要给员工足够大的自主权，让员工的积极性和创造性得到充分发挥。何鲁敏觉得，既然是成功的办法，那就应该向别人学习，于是决定改革。

可是改革的结果怎么样呢？企业管理变得很混乱，连对工作时间的规定都没有，员工愿意什么时候上班就上班，愿意什么时候下班就下班。大家很自在，很拥戴老板。但是亚都的几个竞争对手全部都实行军事化管理，很快就把亚都的市场份额抢去了。

后来何鲁敏明白了，美国企业的经验是建立在美国企业环境和制度都比较完善的基础上的，是对原来过度严格、过度规范的管理制度的反思。他恍然大悟，该书误导了自己的管理思想！正如他说的，亚都吃亏就吃在管理上，以至于亚都发展到第十个年头了，还没有建立起完整的管理体系。别人的自由是有前提的，对于一个连管理基础都没有的企业来说，谈什么自我管理？其实，一家企业在幼年期，首先要学规矩，等长成之后，再放手也不迟。如果企业管理一开始就"放羊"，人心散了，这家企业就坏了。

为什么"读错一本书，走了十年弯路"？领导者从中应该汲取什么样的经验教训？其实，这涉及学习力的问题。什么是学习力？把知识资源转化为知识资本，并通过创新让知识资本增值的能力，就叫学习力。如果知识资源没有转为知识资本，或者知识资本没有增值，这样的学习就是无效的。

一、整合式学习：知识结构化

企业领导者，不仅要与时俱进，更要先时而变，这就需要不断学习、不断充电。在现实中，有很多领导者的确也在积极学习，每年花几十万元甚至上百万元培养自己，可是学来学去，越学越懵。为什么？脑袋里面全都是知识，却不知道用哪个好，就如同一个人身边全都是食物，却不知道该吃哪种才有营养。

1. 混乱的知识约等于垃圾

苹果富含多种微量元素，这些微量元素以结构化的方式有机组合在一起，才会是一个有营养的苹果。同样，在学习中很重要的一点，就是知识的系统化与结构化。

2. 偏见谬误比愚昧无知更可怕

进一步拿上面的类比来说，如果没有这些结构合理的微量元素，那苹果就没有营养。但是，如果再添加一个元素——3毫克氰化钾，这就不是有没有营养的问题了，而是会让人毙命。同样的道理，我们的知识也容不得半点谬误，偏见谬误比愚昧无知更可怕。

二、领导者必读的六种书

知识是人类进步的力量，领导者读书正是要获得知识的力量。但是，光读得正确还不够，配方也要精准。书好比药引，读什么书就像给自己配什么药来治病一样，是有讲究的。领导者必读的书有六种，领导者可根据自己的需求去读，缺什么补什么，这才有效。

1. 常识书

常识不学不行，没有常识，领导者的能量就会大打折扣。有了常识，就会减少闹笑话、出丑的概率，就能为形成稳定的领导力打下基础。

2. 专业书

读专业书，就要读该专业里的一流大师的作品。对于领导者来说，管理的书籍不可或缺，读谁的书？比如，彼得·德鲁克。彼得·德鲁克的著作有 39 本之多，读哪一本？如果只读一本的话，那就读《德鲁克日志》，这是彼得·德鲁克把自己毕生的管理学问整理而成的一本著作，内容相当深刻。

如果你想成为管理技术者，读彼得·德鲁克还不够，还要读安迪·格鲁夫的《格鲁夫给经理人的第一课》。读了这本书，你就会明白，怎么做高产出的经理人，怎么管理好企业。

格鲁夫的"一对一会议"

格鲁夫指出，人们无法避免会议，但可以让会议更有效。怎么更有效？

格鲁夫把会议分成两种，一种是过程导向的会议，另一种是任务导向的会议。简单的理解就是，过程导向的会议是例会，而任务导向的会议是具有特定性的会议。格鲁夫认为，一个组织 80% 的问题应用过程导向的会议来解决，只有 20% 的事情是通过任务导向的会议来沟通的，如果大量地召开任务导向的会议，这样的组织是有问题的。在过程导向的会议中，格鲁夫传授了一对一会议的技术。一对一会议是上下级之间正式的、一对一的交流。如何开好一对一的会议呢？格鲁夫归纳了九个要点：

1. 一对一会议应该由下属来准备并主导会议内容，下属应提前准备好内容纲要；

2. 时间在一个小时左右最为合适，太短处理问题比较表面，太长则容易造成低效；

3. 地点应该选择在下属的办公场所，以便上级同步检查下属的其他工作；

4. 在会议过程中，上级要尽量鼓励下属提出问题，并激发出下属对问题的思考和解决方案；

5. 会议要有记录，保持对彼此后续工作承诺的跟进，并采取抽查的方式持续跟进；

6. 拒绝随意的闲谈式的会议邀请，双方必须有所准备并提前知道议题，才能开始这个会议；

7. 会议结束时，一定要约定下一次开会的时间和讨论事项；

8. 上级和下属的一对一会议一般每周或每两周一次；

9. 除了会议，上级还需要辅助、抽查并随时进行信息交换，来跟进、支持下属的工作。

3. 文学书

领导者为什么要读文学书？关键在于补情商。很多人虽然学历很高、智商很高，情商却很低。领导者是与人打交道的，要精通人性。精通人性，仅仅依赖社会实践是远远不够的。没有足够的经历，没有行万里路，又没有阅人无数，怎么办？读文学书，可以帮你读懂人情世故，了解人性。

4. 传记书

领导者一定要读传记,尤其是伟人传记,以此培养自己的领导气质。有的人做了多年领导,却没有领导者的气势,气场不够。不妨读一读伟人传记,感受领导的气场。

5. 智慧书

智慧书指的是哲学类的书。读智慧书可以让领导者"打通任督二脉",成为高手。领导者该读什么样的哲学书籍?可以不读康德,不读笛卡尔,不读黑格尔,但《矛盾论》和《实践论》不可不读。

6. 无字书

什么是无字书?人就是无字书。人是社会关系的总和,一个人在社会关系中的平均能量基本决定了他的能力。企业家必须读懂人,经理人也必须读懂人,因为领导的工作就是做人的工作。

怎么读无字书?《增广贤文》有言:"结交须胜己,似我不如无。"意思是:结交朋友的时候,必须选择比自己强的;结交与自己水平差不多的朋友,还不如不结交。很多时候,你被人厌恶,遭人抛弃,就有可能是因为你的能量总停留在原来的水平,对方的能量却在不断地提升。根据能量级来说,和低能量的人在一个团队里,你是最耗能的。所以,企业家在企业里,不要沉迷于当"帝王"的感觉,要向外看,寻找比自己还强的人,与他们结交,汲取能量,提升自己。

第四节
赶超式学习：轻取竞争优势

腾讯：从克隆到创新

1998年11月，马化腾和他的大学同学张志东等人，凑了50万元人民币，注册了公司，这就是"腾讯"的雏形。腾讯的最初业务是为一些寻呼台做系统集成。其间，马化腾看到了基于Windows系统的ICQ演示，于是开始模仿ICQ的功能和特性，开发出了中文界面网上寻呼机，简称OICQ，后更名为QQ。

仅在第一年，QQ的用户数量就突破500万，并且每年递增，用户资源成了腾讯最大的砝码和收入源头。QQ火了，腾讯有钱了。2002年，腾讯实现净利润1.44亿元，比2001年增长10倍多；2003年，腾讯净利润为3.38亿元，比2002年又翻了一番多。但是，腾讯的克隆还在继续。马化腾希望通过产品的多元化来圈住用户。于是，腾讯相继推出了财付通、QQ电脑管家（现腾讯电脑管家）、

QQ旋风、SOSO问问、腾讯微博等产品。在每一个产品上，我们似乎都能看到别人的影子，比如支付宝、360电脑管家、迅雷、百度知道、新浪微博等。为什么？用马化腾自己的话说：模仿是最稳妥的创新。

如果只是一味模仿，那么腾讯永远是互联网的跟风者，没办法走在前头。但是，微信的出现让我们看到腾讯颠覆式的创新。就连马云也说："虽然也投入了大量资金，但在创新方面，阿里巴巴不如腾讯，他们拥有强大的微信。"为什么强大？因为微信颠覆了运营商的网络话语权，重新定义了移动互联网。

新经济时代，创新是每一个领导者都必须面对的关键词。有的企业刚刚通过创新建立的竞争优势，转眼就被又一拨创新取代。所以，商界流行的一个经典说法是：创新者要想保持优势，唯一要做的就是比竞争者跑得更快。听起来有道理，实则是个伪命题。其实，创新不在于快，在于与众不同。要想持续创新，首先要想清楚：怎样才能与众不同？

一、创新的战略层面：两条路径

创新是通过科学技术进步和市场要素重组创造新的社会价值的过程。也就是说，创新有两条路径，一是科学技术进步，一是市场要素重组。作为领导者，在求新善变的学习过程中，首先应该了解两个创新流派：克里斯坦森流派和熊彼特流派。

第一章 先时而变的学习力

1. 克里斯坦森流派

"科学技术是生产力"是马克思主义最著名的一个基本原理。1988年9月,在我国全国科学大会上,这一基本原理被演绎为一个深合我国国情的著名论断:科学技术是第一生产力。科学技术发明极大地推动生产力的发展。1995年,美国哈佛商学院教授克莱顿·克里斯坦森在他的书中指出:科技创新不再是可有可无的点缀,而是生存的必需。

2. 熊彼特流派

1912年,奥地利经济学家约瑟夫·熊彼特在《经济发展理论》一书中最先提出了"创新理论"。依照熊彼特的观点,创新就是把新的生产要素与既有的生产条件进行重新组合,继而引入生产体系,创造新的生产力的过程。熊彼特认为,新质量、新方法、新来源、新市场、新组织等都属于创新。而企业家的职能就是实现创新,引进新组合。

我们不否认科技创新的重要性,但是管理的创新、思想的创新、模式的创新、营销的创新,同样很重要。

当今许多风头很盛的企业所做的创新,大多不属于科学技术的创新,比如脸书,它是互联网工具在社交范畴的应用;比如阿里巴巴,它把市场要素做了重新组合。

科技发明和市场要素,这两者并不是截然分开的,它们的关系是"我中有你、你中有我"。在市场要素重组的过程中,可能需要新的技术;另外,以科技发明为主导的企业在发展过程中,也不能忽视市场要素。

不管是科学技术进步,还是市场要素重组,都属于创新的战略层面。那么,创新的战术层面应该怎么做呢?

二、创新的战术层面:一个公式

在对500家企业的创新跟踪课题中,我们发现这样一个规律,几乎80%的创新成功企业,都符合这样一个公式:创新 = 模仿 + 超越。即创新从模仿开始,关键在超越。为什么要模仿?因为模仿可以在短时间内缩短企业与行业领先者的距离。

潜能开发专家安东尼·罗宾从未放过枪,毫无射击经验,在跟美国陆军将军签订合约后,仅用一天半的时间就把部分射击新手训练成合格的射击者。他是怎么做到的?找到神射手作为模仿榜样。他先是找来两名神射手,从心理或生理方面,找出他们异于常人的地方,然后梳理正确的射击要领。之后,安东尼为那些射击新手进行了一天半的训练。结果,在训练结束后,所有的人都及格了,而在以往的训练中,及格人数平均只占70%。对榜样行为规律的总结加上成功的模仿,最终创造了射击奇迹。

那么,创新具体要怎么做?我们找到了这样一条路径:找—抄—超。正如IBM的创始人托马斯·沃森的心得:成功无他,找到你的榜样,学习并有所超越!

1. 找——世界上不缺榜样

1992年,美孚石油的营业额已经高达670亿美元,但是有三个方面还做得不够好。哪三个方面呢？速度、微笑和安抚员工。于是，美孚石油决定开始寻找榜样，开展学习。

在速度方面，美孚石油选择向潘斯克公司学习。潘斯克是一家负责给赛车提供加油服务的公司。每当赛车风驰电掣般冲进加油站时，身着统一制服的潘斯克加油员一拥而上，分工细致，配合默契，眨眼间就出色完成了加油任务。

在微笑方面，美孚石油发现丽思·卡尔顿酒店的服务员总保持招牌般的甜蜜微笑，并且获得了很高的顾客满意度。于是，丽思·卡尔顿酒店被美孚石油定位为学习温馨服务的榜样。

第三个榜样，"家庭仓库"公司。在家庭仓库公司看来，公司中最重要的人是直接与客户打交道的人。美孚石油意识到，以前认为与客户打交道的一线员工最无足轻重，这是极其错误的观点。

正是在榜样的影响下，美孚石油的顾客一到加油站，立刻享受到服务员温馨、快捷、便利的服务。美孚石油也尝到了学习榜样之后的甜头：试点加油站的平均年收入增长了10%。美孚石油找对了榜样，因此获得了成功。

2. 抄——由模仿、改良到颠覆

抄，并不是简简单单地抄袭。模仿到什么程度？超越原创。

三星集团的创新奇迹

在20世纪70年代，韩国三星集团（以下简称"三星"）还只是一家加工厂，为日本三洋公司做贴牌生产业务。如今的三星，已经成为世界上增长速度最快、实力雄厚的科技公司之一。这个蜕变的过程，得益于三星超凡的学习和创新能力。

向日本索尼公司（以下简称"索尼"）学习研发技术。长期以来，索尼以"自由豁达，开拓创新"为宗旨，率先开发出引领市场的电子产品，成为世界消费电子行业的领跑者。而三星一开始只是一家购买索尼芯片的企业。三星清楚地知道：要想赶超索尼，必须在技术上下功夫。意识到差距之后，三星锁定索尼为学习标杆。三星不断派遣技术人员到日本访问考察，学习索尼的先进技术和设计理念，甚至向一线的技术工人学习技术上的问题。秉持这种谦虚的学习精神，三星很快建立起自己的研发队伍，并加大了研发经费的投入，极大地推动了三星的创新发展。

向美国惠普公司（以下简称"惠普"）学生产管理。惠普是全球著名的IT产品制造商，其在生产管理中采用了产品数据管理（PDM）系统，这套系统帮助工程人员和其他生产人员处理设计、制造所需要的大量数据和信息。三星针对自己的产品和业务特征，果断地导入PDM系统，在项目、工作流程、工程图档、产品配置等方面管理效果显著。

向美国西屋电气公司（以下简称"西屋电气"）学库存管理。库存管理不当会造成大量的产品积压，影响产品和资金的周转效率。如何解决这一难题呢？三星发现，西屋电气有很成功的经验：引入企业资源计划（ERP）系统，有效优化财务、采购、质量及库存管理等方面的工作流程。于是，三星斥巨资打造公司内部的ERP系统。经历了长达八年的建设后，三星于2001年建立了一套一体化的ERP系统。这个系统有效地改善了公司的资金流，加强了总部对子机构的监控和协调。

向 The Limited Stores, LLC.（以下简称"The Limited"）学营销体系管理。The Limited 是美国著名的时装品牌，在全美各地拥有 368 家连锁店。对于那些第一次光顾 The Limited 连锁店的顾客来说，计算机系统会把他们的服装尺寸、偏好的式样和颜色等录入档案，这样，顾客再次光临时就能买到完全按照自己意愿定制的服装。不仅如此，The Limited 还开发出销售与订单同时完成的体系，通过这套体系更好地服务于顾客。在把 The Limited 作为学习标杆后，三星把产品定位为数码高附加值产品，并在这个基础上制定出一套全新的市场营销策略。

三星的成功之路，没有太多的奥秘，就是找了四个榜样作为自己的标杆。但是，模仿不是目的，创新才是最终的目的。三星通过效仿学习，消化吸收外来技术，进行产业组合和商业模型的改良创新，极大地推动了企业的发展。

3. 超——知识远缘杂交

有了"找"和"抄"两步，企业在增强竞争优势上，基本就迈出了一大步。但是，从创新的终极层面上说，超越自己才是真正的创新。

突破自己就在于学习其他行业的知识，行业内的高手通常是向行业外学习的人。一个人如果只学习自己行业内的东西，最多只能做到行业内的中等，若想成为行业内的高级人才，一定要将学习的外延扩大，向其他行业学习。因为知识的复合能够产生化学反应。

所以，银行业的客服水平如果还想有所提高，可以向五星级的宾馆学习，把宾馆的客户服务嫁接过来，这叫作知识的远缘杂交。知识的远缘杂交能够产生化学反应，复合发生裂变。

创新的三个步骤——找—抄—超，对象可能是产品，也可以是制度，总之，是你的短板，是他人的强项。其中，"找"是前提，芝麻开门；"抄"是基础，登堂入室；"超"是关键，它让与众不同者后来居上。

自我测评

衡量一个领导者是不是具备求新善变的素质，有很多指标，在大量的测评中，有三个关键点：

1. 对与工作相关的信息总是先知先觉；
2. 在工作中的想法总比别人新颖；
3. 常常主动预见问题并寻求对策。

在表 1-1 中，从 1 到 10 进行评分，你会得多少分？

表 1-1 求新善变的关键点

求新善变	对与工作相关的信息总是先知先觉									
	1	2	3	4	5	6	7	8	9	10
	在工作中的想法总比别人新颖									
	1	2	3	4	5	6	7	8	9	10
	常常主动预见问题并寻求对策									
	1	2	3	4	5	6	7	8	9	10

|第五节|
反思式学习：实现自我超越

万通的"反省日"

1991年9月13日是"万通"的成立日。从第二年，也就是1992年开始，成立日就变成了公司内部全面反省的"反省日"。这种近乎刻板的反省一直坚持了二十多年，万通人不断从完善自我开始，改进工作，改进产品，改进服务。

万通每年的"反省日"都会有不同的主题，比如"15年反省与战略前瞻""变革与执行""凝聚价值观，开创新未来""创新进取，高效执行"等。2011年"反省日"的主题叫作"团队的力量"。冯仑表示，因为万通发展迅速，地域不断扩大，所以团队之间的默契程度，包括高管之间的沟通、公司的执行力、个人和团队沟通等问题需要很好地检讨，通过提问题、提批评、提建议的方式讨论如何改进。

2010年，万通出了动画短片，题目叫作《万通的自我反省与调整是一堂必修课》。小象嘟嘟是万通的虚拟卡通形象，它站在一座自己的镂空雕像面前，雕刻自己的心。每一次雕心的时候都会受到各种杂念干扰——追求金钱利润、打造多元化……每一次雕刻的心都因为各种原因破损，每一次嘟嘟都进行了深刻的反省，想到了该如何修正自己。最后，小象嘟嘟用雕好的无数颗心筑成了一座宏伟的建筑。

冯仑说："有很多人一过生日就觉得自己牛，觉得自己很行，我们一反省就觉得自己真不行，还有这么多事没做好。……因为不是最好，所以必须努力；因为不是最好，所以还要继续勤奋勤劳；因为不是最好，所以我们还要向别人学习；因为不是最好，没有达到客户和各方面对我们的期待，所以我们还要继续跟别人合作，不断努力改进工作、改进产品、改进服务。……通过这样自我进步的过程，保证我们不犯同样的错误。……过去叫学而后知不足，现在是反省后知差距、知方向、知动力、知努力。"

为什么世界纪录总是被不同的人打破？因为超越对手相对容易，而超越自己极其艰难。超越，从来都不是一件简单的事情。它得经历两个阶段：初级阶段叫超越对手，高级阶段叫超越自己。超越对手，你只是一时的领先，超越自己，你才是永远的冠军。

那要如何超越自己呢？这绝对不是每天跟着别人喊两句"超越自我"就能实现的。《道德经》里说："知人者智，自知者明。"意思是，能了解别人才能和弱点的人是聪明人，能清醒认识自己优点和缺点的人才是真正的智者。

一、反省是一种高级的智慧

有的领导者将失误归于下属,将功劳归于自己,将问题归咎于对手,在反思自己这方面做得相当不够。有一种愚蠢叫自恋,有一种智慧叫自省。一个人能够闭门反省,认真思过,才能真正做到自知,进而得到提升。

在提升学习力的过程中,通过实践积累经验的体验式的学习,叫作历练;通过操练迅速提升专业化水平的强化式的学习,叫作训练;更高层次的学习是通过反思实现飞跃,叫作修炼,这是一种裂变式的学习方式。很多人知道历练,也懂得训练,却不舍得停一停去修炼。很多时候,甚至不用停下来,最简单的修炼,就是反省。反省,就是检查自己思想行为中的错误。具体怎么做?比如万通在创立之初就把成立日确定为"反省日",每年拟定不同的反省主题,公司内部全面反省,以此自警自省,不断进步。

"未经审视的人生是不值得过的。"当今社会,忙而不思、昏而不省的人越来越多,隆重庆祝、轻于反省的组织越来越多。我们有很多纪念日、庆祝日,却没有反省日,这其实是一种落后。反躬自省,审视自己,这是一个自我完善的过程,只有不断反省自己的人才能不断进步。

二、欣赏他人,反省自己

欣赏和自省其实是一个问题的两面。不自省的人很难真诚地去欣赏他人,不懂得欣赏他人的人往往也没有自省精神。无论是欣赏还是自省，都必须遵循四个准则：真诚、具体、及时、精准恰当。

1. 真诚

真诚就是不虚伪。欣赏他人，要实事求是，真心实意，不夸张，不虚伪。反省自己就好比照镜子，正视自己，不管是痛苦还是快乐，都有透彻分析自己的勇气。

2. 具体

怎样做到具体？用事实说话。在欣赏他人的时候，用语越具体，有效性越高。笼统地说一个人"工作干得不错"，显得过于套话，不如说"在组织会议的时候，井然有序，很有效率"。不具体的话，欣赏和反省都落不了地。

3. 及时

如果发现别人有优点，欣赏不及时，时过境迁，人的热情和情绪会冷却，这个时候，激励的效果就会大打折扣。如果发现自己有缺点，不及时反省，就很难对自己的行为进行调节。

4. 精准恰当

欣赏如何做到精准恰当？很重要的一点，千万不要张冠李戴，别人明明没有这个优点，你却口若悬河，夸夸其谈，这样会让人觉得你虚情假意。反省要做到精准恰当，教育学家陶行知的"四问"值得我们学习：我的身体有没有进步？我的学问有没有进步？我的工作有没有进步？我的道德有没有进步？

三、反省需正确运用镜子效应

2001年，美国学者吉姆·柯斯林首次提出"第五级领导者"的概念，指出在对待责任和功劳时，第五级领导者有这样的特点：

他们习惯于向窗外眺望，将功劳归结于自身以外的各种因素。同时，他们会对镜自问，承担起应负的责任。如果事情进展得不顺利，他们从来不会埋怨运气不好，或者把其他外部因素当成借口。

柯斯林把这种模式称为"窗户与镜子"。反观一些领导者，遇到问题的时候总是向外看，遵循的是"窗户原理"；有了成绩的时候，遵循的却是"镜子原理"。

心理学有一个镜子效应，说人的感知系统就像一面镜子，把感觉到的外在世界映射到大脑中去，然后由大脑评价和指挥日常生活。反省就像一面镜子，能把我们的错误清清楚楚地照出来，让我们有改正的机会。看到镜子里的自己，面对自己，正视自己，这个时候，就不是在照镜子，而是在反省。如同镜子在黑暗中照不到任何东西一样，如果一个人什么都不思考，什么都不接触，就好比在黑暗的世界，摸不着方向。

乔布斯曾说："在过去的33年里，我每天早晨都对着镜子问自己：'如果今天是我生命中的最后一天，我还会做我今天想做的事情吗？'当一连好多天答案都是否定的时候，我知道自己需要改变某些事情了。"你如果是昨天的你，你就是最可怕的朋友；你如果打败了昨天的你，你就是最可爱的对手。以这个对手为参照物，每天改变一点点，每天赢得一点点，超越任何对手都不在话下！

自我测评

自我反省是学习力强的一个标志。假如要考核一个领导者与其团队有没有自我反省能力，以下三个考核点是比较有效的：

1. 对自己肩负的责任与追求的目标很清楚；
2. 在公开场合能够坦然自我批评，并欣然接受他人的批评；
3. 能发现周边的人或组织的优秀之处，并不吝赞美。

在表1-2中，从1到10进行评分，你会得多少分？

表1-2 自我反省的关键点

自我反省	对自己肩负的责任与追求的目标很清楚									
	1	2	3	4	5	6	7	8	9	10
	在公开场合能够坦然自我批评，并欣然接受他人的批评									
	1	2	3	4	5	6	7	8	9	10
	能发现周边的人或组织的优秀之处，并不吝赞美									
	1	2	3	4	5	6	7	8	9	10

| 第六节 |
研制式学习：运用管理工具

老陈的烦恼

老陈是一家县级国有企业的高管，当了六七年副处长，始终没有得到提拔。他的业绩考核没有问题，但民主测评总是不及格，原因在哪里？他特别欣赏部队的工作方法——雷厉风行。他每一次布置工作，列出要点，叫下属照办。下属虽然照办了，可过后心里非常气恼。而身为副处长，老陈在跟处长商量事情的时候，处长必须同意，否则他就跟处长辩论。所以，民主测评的时候，下属就说，这个领导太差了，工作不民主，方法很武断，他当一把手不适合；上级也说，人挺好的，就是有个问题，他要请示汇报，就是指责领导。

通常我们说，命令是驱动，行为是带动，说服是鼓动。老陈烦恼的源头就在自身，用命令驱动他人，结果往往是他人不为所动。老陈该如何做才能破局呢？

一、掌握沟通模型：2-2-2-4 法则

什么是理论？人们把在实践中获得的认识和经验加以概括和总结所形成的某一领域的知识体系，就叫作理论。实践是理论的基础，先有实践，取得经验，但经验不等同于理论，经验通过提炼，升华为理论。

通常企业家更多处于实践阶段，而理论家更多处于提炼理论的阶段。从实践到理论，中间有一个过渡，那就是经验。如果没有企业家通过实践取得的经验，理论家就没有"原料"，也就无法形成理论。那么，有了理论之后怎么做？

实践是检验真理的唯一标准，要把理论运用到实践中，没有理论指导的实践是盲目的实践。所有理论，在运用到实践的过程中都离不开工具。这就好比学习了杠杆理论，用杠杆理论就能把石头撬起来吗？显然做不到，因为没有工具。缺乏工具，理论不能直接作用于实践。正如从实践到理论需要一个过渡——经验，从理论到实践也需要一个过渡——工具（见图1-3）。很多时候，通过理论能够准确地认识问题，运用工具能够高效地解决问题。

那么，如何把领导力理论转化为领导力工具？领导者的第一项技术就是沟通技术，怎样的沟通才叫有技术？这就需要一个沟通工具。

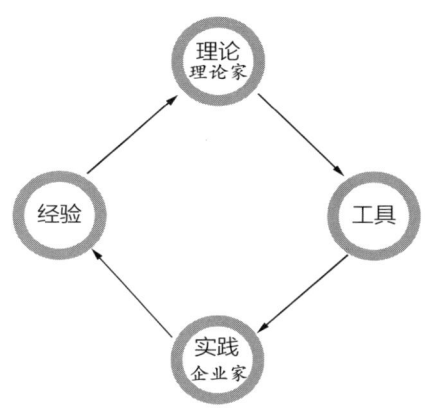

图 1-3　实践和理论之间的过渡

沟通沟通，为什么经常沟而不通？很多时候，你想到一个很好的主意，传达给下属去执行，可是在交办过程中，下属提出各种异议，反馈已经尝试过，结果是难以执行。有时候，你跟上级沟通也会遇到这种情况，因为担心上级提出问题，自己往往三思而后行，设计了一个自认为完美的方案，并且心里觉得百分之百有把握，可是汇报的时候，上级还没听完，就说不行。为什么会这样？

这里有一个前提假设，即你以为沟通的本质是将你的思想化为别人的行动。其实这个前提假设就错了。在什么情况下，你的想法会变成别人的行动？正常情况下，绝对命令基本行不通。正如理论不能直接作用于实践，绝对命令省略了一个中间环节。沟通的真实过程是：把你的思想变成别人的思想，让别人的思想去支配他自己的行动。

关键的问题是，如何把你的想法变成别人的想法？众所周知，想法是不能硬塞的。假定你有一个注定会失败的想法，通常情况下别人都会反对。你说，那我想好了再跟领导说，我想全了再跟下属说，我一定能够说得别人无可辩驳。其实，你想得越全，说得越全，别人越不接受，因为那是你的想法。通常情况下，人都不会轻易接受他人的说教，因为他觉得别人的主意与自己无关。要把你的想法变成他的想法，这是一件比较难的事情。怎么办？

有一个技巧：10分主意切4份，第一步2分，第二步2分，第三步2分，第四步4分，这就是基本的沟通原则，叫2-2-2-4法则。

当你有一个10分的想法，不要急于亮出底牌，把想法进行拆分，用渗透的办法传递给对方，第一次渗透2分，第二次渗透2分，第三次渗透2分，最后的4分其实不用你说，对方会自己加上去，他会认为这是他的想法。把思想的种子和理念的种子播撒到别人的头脑里，然后你浇水、施肥，让它自己慢慢地开花，最后结果。这是领导者必须掌握的沟通技术。

2-2-2-4法则其实是一种工具，基本方式是渐次渗透。其实，沟通就是把你的主意悄悄放进别人脑中的过程，尽管当时他可能没有回应，但是有一天他会赞同你的想法。

二、研制式学习：通晓业务

不管是独立的职能部门的管理者，还是掌控全局的领导者，在以知识为主体的组织中，都必须通晓业务。通晓不是精通，精通要求更加专深，通晓要求的是基本能跟专业人员进行对话。

为什么要通晓业务？其实，越是远缘的东西，杂交越会有优势。做管理咨询的人不妨看看医书。中医讲究望、闻、问、切，其中，问诊占有重要地位。那中医的工具运用到企业咨询中怎么问？

第一问现金流。为什么不问利润？因为一家企业没有利润还可以活,但是没有现金流,就好比被人卡住了脖子。第二问老板。做咨询不问老板就找不到病因,因为企业90%的"病"根源都在老板身上,老板就是号脉的脉点。

领导者通晓业务,在做战略规划的时候,就能够做到全面而不偏颇。比方说,你的产品不错,但你必须清楚地意识到,要成功还任重道远。为什么?能否成功有多个影响要素,产品只不过是其中一个要素,还有,价格怎么定?渠道怎么铺?品牌如何塑造?市场营销怎么做?……忽略哪个要素都不行。领导者要不断拓宽自己的知识面,不断提升自己的知识涵养,才能成为通晓业务的人才。

自我测评

以下三个要点可以考核领导者是否通晓业务:

1. 是团队中某一方面业务公认的专家;
2. 能将广泛领域的多学科知识融会贯通至工作当中;
3. 在非本专业领域,能提出建设性意见并得到专业人员的认可。

在表1-3中,从1到10进行评分,你会得多少分?

表1-3 通晓业务的关键点

通晓业务	是团队中某一方面业务公认的专家									
	1	2	3	4	5	6	7	8	9	10
	能将广泛领域的多学科知识融会贯通至工作当中									
	1	2	3	4	5	6	7	8	9	10
	在非本专业领域,能提出建设性意见并得到专业人员的认可									
	1	2	3	4	5	6	7	8	9	10

第二章
富有远见的决断力

第二章　富有远见的决断力

|第一节|
高明决策的三个要点

雅虎的三维决策模型

2013年和2014年,"雅虎"收购了40家公司,关键的收购决策都是由两位女性做出的,一位是CEO玛丽莎·梅耶尔,另一位是执行副总裁兼人力总监杰奎琳·雷瑟斯。她们做决策的时候,并不是凭借个人的智慧与灵感,而是基于人才、技术与战略,建立了一个三维的决策模型。

第一维度是人才收购,着眼于对方人才的素质。

第二维度是技术收购,寻找能够与雅虎现有技术很好地集成起来的技术。

第三维度是战略收购,为的是转型性的业务,比如斥资11亿美元收购"汤博乐"(Tumblr)。

相对应的是,雅虎收购成功也包括了三个不同的衡量标准:人才收购成功的衡量标准是这些人的生产力表现，技术收购成功的衡量标准是被收购企业融入雅虎的速度，战略收购成功的衡量标准则是收入增长及发展轨迹。

从现实情况看，雅虎的领导者做出恰当的决策，不在于个人的聪明，而在于规则的高明。作为领导者，你是否具备这样的战略模型和决策规则？

一、什么是决断力

棋界有一句话："一着不慎，满盘皆输；一着占先，全盘皆活。"企业管理过程中，决策的正确与否对企业的成败有举足轻重的影响。美国兰德公司曾提出这样一个定律："世界上每100家破产倒闭的大企业中，85%是企业管理者的决策不慎造成的。"所以，就领导者的素质来说，仅次于学习力的，就是决断力。

所谓决断力，是判断行动的时间、空间、内容与形式，选择最优行动方案的能力。

在决断力的定义中，我们发现它其实包括了几个内涵：

① 决策是行动的基础；
② 决策要符合时间的要素；
③ 决策要符合空间的要素；
④ 决策要有支持行动的内容与形式；
⑤ 决策要经过方案的优选过程。

一个好的决策，时机不对或用错了空间，都会变成错误的决定。具备了恰当的内容和形式，还要从中选择最优方案。如果你的对手都用了同样的决策，那么这个决策可能就成了最差的决策。

二、决策是一个科学面对问题、正确分析问题、高效解决问题的过程

决策是一个过程。领导者在做决策时往往会经历三个阶段：面对问题、分析问题、解决问题（见图2-1）。

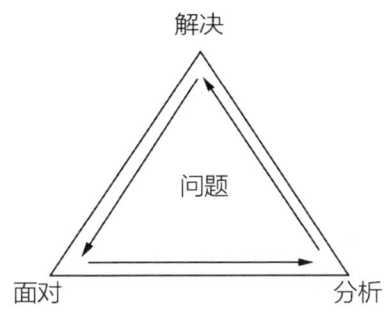

图2-1　决策的三个阶段

1. 科学面对问题

面对同一个问题，每个领导者都会有自己的态度。遇到问题，有的领导者会漠视问题，有的领导者会表现出恐惧，还有的领导者会欣然面对。其实，遇到问题是一件很自然的事情，面对问题是领导者的工作常态。漠视问题就会安于现状，过激的反应则不利于解决问题，甚至会把事情搞糟。漠视与恐惧，都是领导者面对问题时的不良心态，只有欣然面对问题，才是优秀领导者应有的心态。

在面对成果时,有的领导者通常会说,这是我的成果,而出现问题的时候,就会指责下属,说这是下属的问题。如果你有这种心态,那就说明你还是一个不成熟的领导者。成熟的领导者往往会说:成果是我们的成果,责任是我的责任。

2. 正确分析问题

成熟的领导者在分析问题的时候,有三种方法:向前一步、后退一步、换个角度。

(1)向前一步,看透看清

在分析问题的时候,向前迈进一步,看到其内在的东西,从而在细节中深思熟虑。尤其在具体决策的时候,我们要运用"虫视"的观察方法,借助虫的视角,看清每一片树叶,做出正确的决策。

(2)后退一步,放大画面

有些时候,看得太细,往往又会迷失在枝叶之中,分析来分析去,始终解决不了问题。

"不识庐山真面目,只缘身在此山中",看清了细节,领导者还要跳出来,由系统之内站到系统之上,从全景的视角看局部,看到与此问题相关的彼问题,与 A 问题相关的 B 问题、C 问题。

(3)换个角度,截然不同

人们通常的思路是:看什么范围的问题,就用什么学科的视角。比方说,看病,就要从医学的视角;看戏,就用艺术的视角;看经济,自然就用经济学的视角。可是,很多时候,事情都不是绝对的,当我们缺少全面的视角的时候,很可能会一意孤行。

比如,在分析经济危机产生的原因时,可以有很多角度——

① 经济学的角度：经济学家发现，经济危机的发生源于市场的供给和需求产生的矛盾。

② 政治学的角度：政治学家认为，经济危机之所以发生，主要是政府监管不力造成的。

③ 哲学的角度：物极必反，盛极必衰，危机的出现是必然的。

④ 生态学的角度：危机的出现是生态系统出了问题。生态系统本来是自我运行的，当遭到破坏时，它会自我修复。一旦破坏过度，生态系统就不是修复，而是报复了。

⑤ 人性的角度：彼得·德鲁克指出，经济危机是由于人的贪婪本性引起的，认为经济危机与其说是天灾，不如说是人祸。

每个学科都有自己解决问题的逻辑。所以，领导者在分析问题时，凭聪明的眼光不如用高明的视角。很多时候，换个角度看问题，或许便会豁然开朗，就能有截然不同的收获。

3. 高效解决问题

通常情况下，解决问题可以从四个方面入手。

（1）在问题的切入点上：一个是利己，一个是利他

在解决问题的时候，从利己的角度出发，看似能轻易解决，实际上是打了死结。从利他的角度考虑，才是解决问题的正确路径。

（2）在解决问题的方式上：一个是努力，一个是借力

单靠自己埋头苦干的人，出路总是很有限；擅长借力的人却不同，往往是"好风频借力，送我上青云"。所以，努力是精英的方法，借力是领导者的智慧。

在新经济时代，领导者面临的不仅是个体资源的使用，还有各项资源的整合。在对复杂资源的处理中，如果只知道努力，不知道借力，就有可能导致悲剧。

（3）在解决问题的节奏上：一个是热处理，一个是冷处理

问题有轻重缓急之分，对比较重、比较急的问题，需要热处理，及时解决；对相对轻、不着急的问题，则可以冷处理，适当放置一段时间再去解决。甚至对有一些问题可以忽略，因为那是自然的反应症状。譬如变革刚刚结束，人心难免动荡不安，一段时间后，变革的成果呈现，人心逐渐趋于平稳，问题就会随之消失。

（4）在解决问题的意愿上：一个是主动，一个是被动

新经济时代的领导者，是被动地去解决问题，还是主动地去解决问题？一个被支配者往往会被动地解决问题，走投无路、被逼无奈了才会着手于问题。而优秀的领导者总是主动地去解决问题，推动变革。强者和弱者在这里就有了区别。强者主动发现问题，不等问题靠近就解决了；弱者坐等问题出现，结果火烧眉毛、手忙脚乱。

三、领导者决策的三个要点

一流的领导是怎么做决策的？有三个要点。

1. 既要重局部更要重全局

"善弈者，谋势；不善弈者，谋子。"在决策过程中，领导者不能只谋势不谋子，也不能只谋子不谋势。

常人认为，不输则赢。其实，赢只是第二境界，比赢家更高的境界是成为庄家。因为无论怎么赢，你都只是玩家。而庄家是制定

游戏规则的人，输赢相争，庄家得利。所以，在布局的时候，领导者既要重局部更要重全局，着眼于全局，着手于局部。

2. 既要多谋更要善断

领导者的职责不只在谋，更在断。决策研究是智囊团的工作，集中体现在多谋，而决策行动是领导者的责任，集中体现在善断。古今中外凡成大事者，无不具备当机立断、处事果决的决策思维。

没有领导者的最后拍板，再伟大的谋划也只能是个想法。拍板工作一定是领导者完成的。

3. 既要明利弊更要分是非

在长达65年的咨询生涯中，彼得·德鲁克曾与许多企业和非营利性组织中最优秀的CEO有过合作。他发现，高效的经理人都遵循了八个习惯做法，其中，比较重要的两个做法是对自己的两次发问。

（1）自问："什么事情是必须做的？"

注意，这个问题问的可不是"我想要做什么"，而是有哪些事情我们不得不去做。认真地思考和对待这个问题，是在管理上取得成功的关键。

（2）自问："什么事情是符合企业利益的？"

高效的经理人一般不会问，一件事是否对股东、股票价格、员工或者管理人员有利。当然，他们清楚，要想让某个决策生效，股东、员工和管理人员都是重要的力量，必须得到他们的支持（至少是默许）。他们自然也知道，股票价格不仅对股东重要，对企业也同样重要，因为市盈率决定了企业的资本成本。他们更知道，凡不符合企业利益的决策，最终将损害所有利害关系人的利益。

一项决策的制定过程，是一个权衡是非利弊的过程。领导者必须明确，是非是个大原则，利弊是个小原则。有利而违背正道的决策，最后一定是得小利而成大患；无利而符合正道的决策，最后一定是失小利而得大成。两利相衡权其重，两害相衡权其轻，这两句话要加上一个前提才成为真理，那就是：先辨别是非，后权衡利害。只计是非、不计利害是君子；只计利害、不计是非是小人；先计是非、后计利害才是"大人"，换言之，就是高明的领导者。

| 第二节 |
领导者的时间智慧

搁浅的瀛海威

1995 年，张树新创立了瀛海威信息通信有限责任公司（以下简称"瀛海威"）。

1997 年，张树新采纳一名策划人的建议，把延安的历史、现实、人物故事放在网上，计划组织全国中小学生观看，以此创收。经过一个多月的艰苦努力，200 个网页、500 幅图片、10 多万字的"网上延安"终于制作成功。遗憾的是，初心虽棒，但点击率非常低，几乎没产生什么经济价值，反而成了瀛海威的一大败笔。1998 年，张树新被迫离职。2001 年，瀛海威开始裁员。2004 年，瀛海威淡出公众视野。

过早地进入互联网行业，是瀛海威失败最关键的原因。当时中国的整个互联网行业，不管是环境还是资源、条件，都还处于初级水平。从硬件环境来说,当时人们对互联网的认识还很少,网络设施也很落后,网速很慢,打开一张图要好几分钟。从软件环境来说,那个年代的网民还属于稀少物种,瀛海威的登记网民也只有6万人。可以这么说,瀛海威生不逢时。不仅如此,瀛海威的"网上交费系统"也不符合当时的实际情况,设想过于超前。所以,无论是互联网接入还是互联网内容服务,瀛海威都只是"为他人作嫁衣裳"。

一、决策的过程

一个好的决策,犹如排球场上一记漂亮的扣球。一个好的扣球,一定是一传主动迎球,完美垫球;二传果断迅速,组织进攻;主攻手找准点位,霸气扣杀共同促成的。好的决策,也是如此。从决策的预备到决策的结束,就是"一传—二传—扣杀"的过程,如图2-2所示。

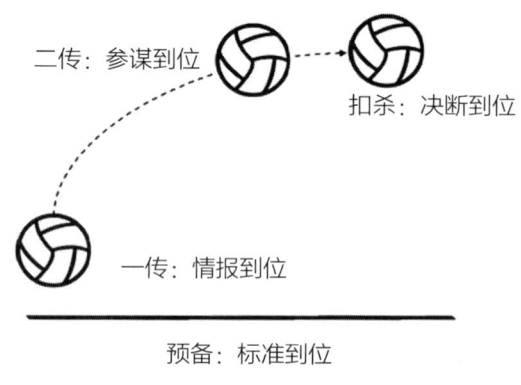

图 2-2　决策的过程

第二章　富有远见的决断力

1. 预备：标准到位

在做决策之前，必须做好相关的预备工作。正如排球场上一次激烈的进攻之前，场上队员必须做好充分准备，位置明确化、功能化，姿势标准到位。

2. 一传：情报到位

信息是决策的基础和依据。决策信息不充分，往往是决策失败的首要原因。两次石油危机，油价大幅上升，日本汽车公司立即做出了生产节油型汽车的决策，而美国汽车公司没有重视这一关键信息，没有修正生产大型轿车的决策，在汽车销售市场上输给了日本的节油型汽车。

准确、全面、有效的信息情报，有助于领导者做出达成组织目标的最佳决策。

3. 二传：参谋到位

有了充足的信息还不够，领导者还要集思广益，这个时候，必须参谋到位。为什么要参谋到位？因为领导者没有太多的时间去一一分析信息。

在企业界，越来越多的现代企业把战略研究作为一个重心，不惜斥巨资聘请咨询公司进行专业服务。现代咨询活动是系统运用现代科学知识、现代技术手段和现代分析方法，为解决人类面临的各类经济、科技和社会发展等复杂问题而进行的创造性智力劳动。在这个意义上，咨询活动属于应用性软科学，其目的是为客户提供最优决策、智能产品，或者提供可供选择的方案、计划、建议、报告、途径、方法或有参考价值的预测、数据、调查结果等。咨询是一项严谨的科学活动，在决策活动中起了不可替代的作用。其中，资讯要准确、及时、必要，咨询意见要多维度、高质量。

4. 扣杀：决断到位

从结构上来说，情报到位，要准；参谋到位，要全；决断到位，要快。新经济时代，信息一日千里，错失黄金机会，失去的就不仅仅是黄金。在很多情况下，时机决定决策质量。决策过早，成了先烈；决策太迟，错失良机。古往今来，多少英雄败在这上面！就像瀛海威，作为中国第一个互联网接入服务商，投巨资造成巨亏，杀入蓝海，却大败而归。进入互联网是没错的，但是时间早了，结果失败了。

2013年9月23日，黑莓公司对外宣布，已同意被费尔法克斯金融控股有限公司以47亿美元的价格收购。黑莓手机，曾经最时髦的商界宠儿，为什么沦落至此？

2007年1月，苹果公司发布了iPhone。当时的RIM公司高管并没有看到商机，时任RIM联席CEO吉姆·巴尔西利说："有人说'黑莓'将面临一场巨变，但我认为这显然夸大其词了。"然而，让RIM引以为豪的政府和企业用户逐渐转向了"苹果"和"三星"等品牌，雅虎CEO梅耶尔也宣告终止支持黑莓手机。对消费级市场的忽视和用户的流失，造成了黑莓手机制造商的股价大幅下滑，从2007年8月历史最高位的236美元，到2009年年初跌破50美元大关，再到2013年可怜的十几美元。尽管黑莓在2008年推出了第一款触屏智能手机，并在 2013 年发布"黑莓 10"系统，但反响并不大。对触屏设备反应过慢，始终抓不住机会，成为黑莓手机沦落的关键原因。

二、决策常见失误

决策中最常见的失误有哪些？

1. 众见造成常见

1895 年，法国人勒庞写的《乌合之众》，至今仍是社会心理学领域最有影响力的著作之一。勒庞论断："群众中累加在一起的只有愚蠢而不是天生的智慧。"

高见不是众见。众人之见是各人意见的综合，是平均的，既不是最高的，也不是最低的。众见造成常见，众见难出高见。

2. 方案无可选择

只有 plan A 还不够，还得有 plan B、plan C 等多个备选方案。很多企业在一个项目计划中，只做出一套方案，领导者直接拍板，其实，这是决策的大忌。因为方案唯一，就无法通过对比选出最优方案。

3. 冗余选择干扰

方案唯一不行，方案冗余也不行。方案冗余，容易造成选择干扰。有的领导者提倡民主决策，鼓励大家提出自己的决策方案，结果易受冗余信息干扰，判断失误。

4. 见其利不见其弊

《资治通鉴》有这样一句话："轻虑浅谋，徒见其利，不顾其害，难必不久矣。"就像河里觅食的鱼，看见饵食，看不见钓钩，必然会上钩。有的领导者在做决策的时候，只关注眼前的利益，忽视了潜在的风险，最终给企业造成了不可挽回的损失。

> **自我测评**

领导者一定是善于捕捉最新动态，在别人还没醒悟时，已经正确地预见未来的人；是当别人开始醒悟时，已经手疾眼快地将市场拿下的人。时序思维是一种基本的决策智慧，它要求领导者：

1. 不推诿、不回避，敢于为自己做出的决策负责；
2. 在职责范围内有强烈的第一责任人意识；
3. 不拖延、不回避，适时适度地做出决断。

在表2-1中，从1到10进行评分，你会得多少分？

表2-1 时序思维的三个关键点

	不推诿、不回避，敢于为自己做出的决策负责									
时序思维	1	2	3	4	5	6	7	8	9	10
	在职责范围内有强烈的第一责任人意识									
	1	2	3	4	5	6	7	8	9	10
	不拖延、不回避，适时适度地做出决断									
	1	2	3	4	5	6	7	8	9	10

| 第三节 |
领导者的空间智慧

放弃成就英特尔

作为存储芯片的开发者,"英特尔"给自己的定位是存储器公司。在20世纪70年代,由于在存储芯片上的不断创新,英特尔在存储器领域睥睨天下,市场占有率几乎是100%。

到了80年代,日本的存储器芯片制造厂家突然崛起,他们采用了价格战,客户用更低的价格就能购买更高品质的产品。英特尔被日本企业步步紧逼,存储器市场被频频挤压。到1984年,英特尔存储器业务急剧衰退,大量产品积压在仓库里,堆积如山。英特尔面临巨大危机,其他高管一致坚持反击,时任英特尔CEO安迪·格鲁夫力排众议,果断做出决策,放弃存储器芯片业务,全力投入处理器芯片业务。

1986年,386微处理器诞生,标志着一个强大的微处理器帝国的诞生。英特尔提出新的口号：英特尔，微处理器公司。安迪·格鲁夫没有盯住存储器不放，而是将视野放大，看到了比存储器更具发展空间的处理器，放弃存储器，并一举奠定了英特尔在处理器行业的老大地位。

新经济时代的领导者，必须有顶层设计的眼光，走到局外看画面，以全局的眼光看问题。在这一点上，安迪·格鲁夫的眼光和魄力值得广大领导者学习。

一、全面的视角是良好决策的基石

喜欢摄影的人都知道，视角是镜头中心点到成像平面对角线两端所形成的夹角。在相同的拍摄距离内，视角越大，取景范围就越大。越来越多的摄影爱好者用广角镜头，就是因为广角镜头的焦距短、视角大，在较短的拍摄距离范围内，能拍摄到较大面积的景物。与此类似的道理是，世界是大还是小，取决于我们每个人的视角。

在英特尔的案例中，我们看到的正是一位领导者远大的视角：把已经没有多少利润的存储器业务让出来，进入利润更为丰厚的处理器领域。

领导者思想的高度决定了企业发展的厚度，而领导者思想的高度又取决于其视野的广度。

研究发现，企业90%的问题，根源都在企业家身上。因为，很多企业家把自己放在画面之内，成了当事人，往往迷失在问题之内。如果企业家能够站在画面之外，拓展空间，开阔视野，用旁观者的心态来看问题，那么解决问题的思路就会逐渐清晰。这就要求领导者在决策过程中做到以下几点：

1. 明晰角色定位

领导者在做决策时，有三种角色：一种是当事人，了解事件的前因后果；一种是当局者，知道整个事件对系统的影响；还有一种是局外人，无关利害，看得清楚。好的决策者，应该是那个观棋的局外人。

2. 考虑各方利益

领导者站位不高，容易陷在某个具体问题的层面上，看到的只是自己眼前的利益。然而，企业良好运行离不开员工、顾客、股东和社会几个要素，领导者必须全面考虑多方利益。全面视角才是良好决策的基石。所以，领导者要站高一层，从更全面的角度来充分考虑各方利益。

明代思想家吕坤在他的《呻吟语》一书中提出，能言善辩为三等资质，磊落豪雄为二等资质，深沉厚重为一等资质。一个深沉厚重的领导者，往往能够做到不急不躁、不惊不慌，原因在于他看到了全局，明析了各方面的利益和格局，眼观六路，心中有术。

3. 肯于牺牲自我利益

领导者为顾全大局牺牲自我利益，这是最难的。

在一家企业里，经理人比不上企业家的往往就是这种自我牺牲的气概。经理人其实也要牺牲个人的时间和精力，只不过通常不会做到自我牺牲的程度。但如果经理人能站在企业家的角度上，往往也会发挥重要作用。

在肯于牺牲自我利益这一点上，伊利时期的牛根生做得相当不错。

牛根生在伊利工作了 16 年，伊利 80% 的营业额来自他主管的事业部门。从某种意义上说，牛根生是伊利的大功臣。因为业绩突出，公司拨款 18 万元对他进行奖励，准备帮他配一辆桑塔纳轿车，可是牛根生想到员工上下班不方便，就拒绝了公司帮他配车的提议，用这笔款项购买了一辆旧东风客车、一辆华西中客车和两辆小货车，用来接送上下班员工和运输货物。

二、从当事人变为当局人，从当局人变为局外人

经理人和顾问采用的是两种不同的逻辑思维：经理人从计划出发，他的系统思维往往是符合 PDCA 循环的，即计划（plan）—实施（do）—检查（check）—处理（action），一步一步进行，一个循环结束之后，再进一步调整计划，然后再实施，再改善，再检查，循环往复；顾问则从问题出发，他的系统思维是 4D，即呈现（depict）—诊断（detect）—设计（design）—执行（do），顾问就好比医生，对企业进行诊断，找问题的根本原因，然后开处方解除病根。

领导者千万不要给自己当医生，因为视角不同，你站在主观的立场，很容易戴着有色眼镜去看问题，往往别人认为是问题的，你认为不是问题，认识就会产生偏颇。

第二章 富有远见的决断力

当事人是玩家，当局人是庄家，局外人则是研究多方博弈的人。所以，正确的做法是，从当事人变成当局人，从当局人上升为局外人，用第三视角去看待问题、分析问题、解决问题。

自我测评

全面的视角是良好决策的基石，它要求领导者在决策中做到三个关键点：

1. 对所领导的组织在全局中的角色有清晰的定位；
2. 能够站在更高一层的角度去考虑各方利益；
3. 为了顾全大局，肯牺牲自我利益。

在表2-2中，从1到10进行评分，你会得多少分？

表2-2 全面视角的三个关键点

全面视角	对所领导的组织在全局中的角色有清晰的定位									
	1	2	3	4	5	6	7	8	9	10
	能站在更高一层的角度去考虑各方利益									
	1	2	3	4	5	6	7	8	9	10
	为了顾全大局，肯牺牲自我利益									
	1	2	3	4	5	6	7	8	9	10

| 第四节 |
领导者的辩证智慧

新明珠的标杆力量

广东地区频闹"用工荒",尤其是过了春节,企业最难受的就是节后招不到人。于是,很多企业高价招人。但是,新明珠陶瓷集团(以下简称"新明珠")不用高价招人,过了春节,总有不少人排队应聘,人力得到了充分保障。新明珠是怎么做到的?

2008年,新明珠员工胡小燕成为首批农民工全国人大代表之一。胡小燕在2002年应聘进入新明珠,从最基层做起,通过竞争上岗成为车间副主任,多次被评为"十佳外来工",最后成为农民工全国人大代表。

胡小燕成为一个标杆。新明珠就是这样,树立一批这样的标杆员工,让求职者感觉自己选择这家企业错不了。所以,人力得到了充分保障,企业运行也就得到了良好保障。

1963年，斯坦福研究中心最早使用了"利益相关者"这一术语。1984年，弗里曼在《战略管理》中，把利益相关者定义为"组织外部环境中受组织决策和行动影响的任何相关者"。利益相关者能够影响组织的生产与发展，所以，如何平衡各方利益，成为领导者决策过程中必须考虑的关键问题。

一、企业相关利益的四维平衡模型

企业运行离不开股东、员工、客户、社会这几个相关利益者。股东利益叫作"收益"，员工利益叫作"权益"，客户利益叫作"利益"，社会利益叫作"效益"，企业家在做决策时，不可避免地要权衡这四种利益。值得注意的是，这些利益并不是相互独立的，它们之间存在着冲突。譬如，如果社会效益最大化，股东的收益不一定能得到保障；如果股东收益最大化，那么就有可能损害客户的利益和员工的权益；如果客户利益最大化，可能你迎合了客户，但你的员工并不一定幸福。那么，要为投资者负责，要为客户负责，要为员工负责，还要为社会负责，这四个利益如何处理才最恰当？这四个利益相关者又该如何摆放才最合适？

1. 社会效益最大化

企业是社会的经济细胞，承担着义不容辞的社会责任。如果把社会效益摆在第一位，这样的企业就比较接近公益性的组织。

2006年诺贝尔和平奖获得者穆罕默德·尤努斯的"社会企业"备受推崇，它的经营模式主要是以社会效益为目的。在获得诺贝尔和平奖之前，穆罕默德·尤努斯是孟加拉国的一位经济学教授，他发现孟加拉国的贫困人口超过30%，贫困家庭儿童营养不良的问题普遍存在。尤努斯还发现，酸奶很有营养，但是价格比较贵，孟加拉国很多穷人消费不起。于是，尤努斯奔走努力，让自己的格莱珉银行与法国达能集团在当地合资建了一座酸奶工厂，生产的酸奶主要销售给工厂附近的贫困家庭儿童，每杯酸奶只需要10美分，这对当地贫困家庭来说，是一笔能够承受得起的消费。对于这样一种经营模式，尤努斯说："我们的投资不是为了私利，而是为了实现社会目标。"

2. 股东收益最大化

企业是所有者的企业，股东的收益要得到保障，企业最终要为股东创造最大的财富。美国杜邦公司就是以股东利益为核心的一家企业。作为一种用来评价公司盈利能力和股东权益回报水平的经典方法，杜邦分析法充分体现了杜邦公司"股东第一"的理念，它认为，现代财务管理的目标就是股东财富的最大化。

3. 员工权益最大化

员工权益最大化是近年来提出的议题。员工第一，员工权益最大化，在这一点上贡献较大的是稻盛和夫。1968年，体现稻盛和夫"敬天爱人""以心经营"思想的"员工手册"问世。稻盛和夫把追求员工及其家庭的幸福作为公司第一目标，把协作商的员工及其家庭的幸福作为第二目标，第三目标是客户，第四目标是社区，第五目标才是股东。稻盛和夫认为：

"如果没有员工的支持，只靠经营者一个人绝对经营不好企业，所以公司经营的目的首先应该是为了员工的幸福，我很早就认为这是企业经营的最大目的。……员工不是赚取利润的机器，而是有血有肉有情感的人，对员工的管理不能用冰冷的原则，更重要的是用心去尊重、爱护和关心他们。"

我们发现，稻盛和夫的观点是这样一个逻辑：没有满意的员工，哪来满意的客户？没有满意的员工和客户，股东如何挣钱？

4. 客户利益最大化

顾客至上最形象的一个服务原则就是"客户是上帝"，把顾客摆在企业经营的第一位，这是"沃尔玛"始终贯彻的一个准则。无独有偶，"阿里巴巴"也把客户排到了第一。马云认为，对公司长远发展最有利的做法，就是让客户利益最大化。只有把客户放在第一位，股东获得的利益才是持续而稳健的。正如他所说："阿里巴巴始终以客户第一、员工第二、股东第三为宗旨。"

社会、股东、员工、客户，四者的利益不可能达到完全均衡。但是，不管是哪个利益最大化，都有成功的企业。组织优秀的奥秘基本都符合这样一个密码：5-4-3-3。这四个利益相对均衡，遵循5-4-3-3法则，即重点发展好其中的两个方面，另外两个方面达到一般水平，这样企业就能均衡发展。也就是说，不必每个方面都做到最好，但必须有一个重心，并且不能有太差的方面。这是企业决策的一般模型，从某种意义上说，这个决策工具就是决策成功的奥秘。

二、员工的三维幸福模型

在传统的管理模式中，绩效是考核员工的唯一标准。其实，这是一个错误的标准，如果追求绩效最大化，企业很可能会出现问题。新经济新环境，管理模式也要建立新的考核标准。根据上面的四维平衡模型来看，新的考核至少应该包含这四个标准：一是社会公益，二是客户需求，三是股东收益，四是员工幸福。关于员工幸福这一点，近年来，很多企业家、理论家都提出了"员工幸福最大化"。

员工幸福有三个指数：第一个是收入指数，这是一个刚性指数；第二个是公平指数，"不患寡而患不均"，人都喜欢讲究平衡；第三个是梦想指数，人因梦想而伟大，如果没有好的标杆，光说要有梦想，其实只是空想。因此，一定要树立正向的标杆，就像新明珠，一万多名员工中产生了一个全国人大代表，这个高级标杆就是员工的一个梦想指数。收入指数、公平指数、梦想指数，三个指数共同构成了员工的三维幸福模型。

领导者在决策的过程中，要把四维平衡模型和三维幸福模型综合起来考虑，分析因果关系，权衡多方利益，才能够透过事物表象发现内在的本质，做出高明的决策。

自我测评

领导者在运用辩证思维权衡利弊时，有三个要点：
1. 善于运用决策技术，分析因果关系；

第二章 富有远见的决断力

2.善于利用决策工具,能够权衡利益;

3.能够透过事物表象,发现内在的本质。

在表2-3中,从1到10进行评分,你会得多少分?

表2-3 辩证思维的三个关键点

辩证思维	善于运用决策技术,分析因果关系									
	1	2	3	4	5	6	7	8	9	10
	善于利用决策工具,能够权衡利益									
	1	2	3	4	5	6	7	8	9	10
	能够透过事物表象,发现内在的本质									
	1	2	3	4	5	6	7	8	9	10

第三章
令行禁止的推行力

第三章　令行禁止的推行力

| 第一节 |
绩效是检验领导力的根本标准

张明该如何做

张明在公司担任行政助理，工作职责之一是购买火车票。每次张明总能快速并准确地完成老板交代的任务，即便是购票高峰期，张明也能以最有效的方式买到火车票。后来有了网络购票，张明的购票效率更高了，老板对他的工作一直表示满意。当他跳槽到另一家公司的时候，他遵循以前的做法，却出了问题。有一次老板要出差，交代买三张27号到上海的票。张明直接网上订票，然后去取票，不到一小时就把票拿回来了。结果老板不但不欣赏他，反而夸赞以前那个排了三天两夜买票的员工。

张明觉得很郁闷，到底怎样做才算对？在接下来的工作中，是要真正完成任务呢，还是要让老板感觉自己的态度是好的呢？

所有的工作通常都具备四个主要指标：

① 达到预期的成果，即质量目标；

② 在费用和预算范围内，即成本目标；

③ 在规定时间内完成，即时间目标；

④ 符合指定的工作范围大小，即范围目标。

对照四个指标，张明在购买火车票这件事上，完全达成了指标。然而，为什么在老板眼中，张明的表现比不上另一位同事呢？

一、领导力要和绩效在一起，才有生命

杰克·韦尔奇曾经这样形容：把梯子正确地靠在墙上是管理的职责，领导的作用在于保证梯子靠在正确的墙上。其实，新经济时代，高绩效的领导者不只要保证梯子靠在正确的墙上，更要保证团队能快速爬上梯子顶端，拿到那块金子。离开绩效，你就不是一个合格的领导者。

领导力不能单独存在，只有和绩效在一起才有生命。组织绩效是检验领导力的根本标准。

在物理学中，功有两个必要因素：一个是作用在物体上的力，另一个是物体在这个力的方向上移动的距离。当一个力作用在物体上，并使物体在力的方向上通过了一段距离，就说明这个力对物体做了功，用公式表示就是 $W=F \times S$。其中，W 表示功，F 表示力，S 是距离。

如果用 100 牛的力去推一张桌子，桌子挪动了 1 米，那么，这个功等于 100 焦耳。如果用了 100 牛的力去推，但是桌子纹丝不动，

距离为0，这个功也就等于0。如果出了力，让一些事情发生了变化，达成了目标，那就叫做了功；但是如果出了力，事情没有发生丝毫变化，那就是没做功。

1. 绩效的三种形式

绩效通常有三种形式：

①个体绩效：$W=F \times S$。
②累加式组织绩效：$W=A+B+C+D$。
③乘积式组织绩效：$W=A \times B \times C \times D$。

2. 绩效的分布常态

一分耕耘，一分收获，一个人的收获往往和付出成正比。那么，是不是员工的努力和他的绩效也会成正比呢？答案是"不一定"。

根据意大利经济学家帕累托提出的"二八原则"，我们发现，在一家企业价值创造的过程中，20%的骨干人员创造企业80%的价值。在一个组织中，从绩效的分布常态来看，存在着四种状态：事倍功半、劳而无功、适得其反、事半功倍（见图3-1）。

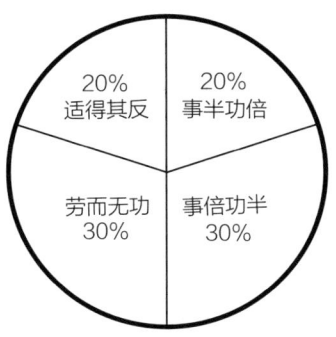

图3-1 绩效的分布常态

（1）事倍功半

在一个组织里面，很多员工花了大量的时间，做了大量的工作，但是功劳结果只有一半，也就是我们所说的"事倍功半"。这样的状态在组织中占 30%。

（2）劳而无功

为什么会劳而无功？其实是花费了大量的力气做一件事，却没有收到丝毫成效。这样的状态在组织中同样占 30%。

（3）适得其反

什么叫适得其反？就是对组织不但无功，甚至有害。用功的概念来说，出了力也发生了距离上的变化，但是，方向错了。比如要把一张桌子往前推 2 米，结果他往后推了 3 米。这样的状态在组织中占 20%。

（4）事半功倍

只用一半的功夫，却收到加倍的功效。这样的状态在组织中只占 20%。正是这 20% 的高效员工创造了企业 80% 的价值，这样的员工是组织最需要的人才。

二、在组织绩效中，如何追求功

从语言学的角度来理解，绩效包含成绩和效益。什么是任务？任务是事。什么是过程？过程是劳。什么是成果？成果是功。那么，在组织绩效中，如何追求功？

1. 绩效要义之一：追求成果

如果你是前面故事中的张明，你的老板出差，要你帮忙买车票。那么，买车票就是你的事，排队、找人的过程是你的努力，买到车票，老板满意，这才是你的成果。如果你花了48小时去排队，结果轮到你的时候，票没了，那么你有功吗？没有。出了力，却没让事情发生变化，你的目标没达成，这就不叫功。所以，成果是绩效的第一要义。

2. 绩效要义之二：追求符合质量和数量标准的成果

成果不是半成品，画上句号完结了的才叫成果。一项工作做到一半，不能称为成果，只能说是未完成的工作。但是，只完成还不行，还得符合质量和数量的标准，才叫绩效。比如，如果老板交代张明的任务是买五张车票，结果他只买了三张，那么，有功吗？答案是否定的，数量不符合。又比如，老板要求张明买到上海的火车票，结果他买到去北京的车票，质量不达标。虽然付出了劳动，但功是负的，叫作白费功夫。所以，绩效的第二个要义是，必须达成目标，而且是符合质量和数量标准的目标。

3. 绩效要义之三：追求更优的成果

老板要三张27号到上海的火车票，同事接到任务后非常积极，跑到火车站去排队，结果排了三天两夜，票才拿回来。而张明直接网上订票，不到一小时就完成任务，哪个更有绩效？很明显，张明的成果更优。绩效是有可比性的成果，怎么理解？就是相对于他人更优的绩效。很多时候，没有比较就不知道什么叫绩效，一旦有了比较，就发现更好的成果。同样的工作，别人一个小时就拿到了票，但是过了一天，老板问你在哪儿，你说还在火车站排队，这种情况叫作"有苦劳没功劳"。

4. 绩效要义之四：追求考量者认可的成果

符合以上三个要义还不够，绩效还有一个重要特征，即符合考量者的标准，被考量者认可的成果才叫绩效。你买到了票，可老板认为你为人处世不灵活，社会关系不行，不认可；虽然你排了三天两夜，没有买到票，但你遇到的是一个价值观为"态度重于结果"的老板，虽然没有买到票，他不但没有批评你，还会表扬你，因为你的态度很好，你的精神值得学习。

其实，领导者应该避免这种想法。有的领导者往往鼓励苦劳，不鼓励功劳，殊不知，这样会让企业没有绩效。

很多组织普遍存在这样的现象。领导者认为没有功劳还有苦劳，经常表彰和赞赏出力的人，却忽略了功的要义。因此，作为领导者，一定要明确绩效的标准。

综上所述，评价绩效有四条标准：追求成果、符合质量和数量的标准、更优的成果、被考量者认可。如果给绩效下一个定义，那就是——绩效是显性价值的衡量尺度，是一种对个人、组织或社会有价值的成果。

第三章　令行禁止的推行力

| 第二节 |
正确行使领导者权力的五个要点

在组织行为学中，领导者的权力是经常谈到的一个词。权力是个神器，让诸多人顶礼膜拜。同时，权力也是一把双刃剑。

权力是通过强制的方式实现权利与意志的能力。为什么要加上意志？不可否认，权力确实有很大好处。所谓生理、安全、情感和归属、尊重、自我实现的人生需求，都可以轻而易举地通过权力得到满足。但是，大量的案例研究显示，有些人需要权力，并不是为了牟利，而是为了实现自己的价值主张和意志。所以，意志成为一个重要的因素。

那么，领导者该如何正确使用权力？综合起来，有五个要点。

一、以动机导航

具有权力动机的人愿意为自己的行为承担风险。一旦得到权力，他们极有可能会破坏性地使用它。所以，企业领导者必须有一个正确的动机，必须以正确的目标来引导权力、使用权力。

如果企业领导者的权力动机仅仅是获得个人利益，那么，这个人往往不会成为优秀的领导者。只有为了整个组织的好处及他人的需要，通过正常的手段行使权力的人，才有可能成为优秀的领导者，得到他人的认可。

二、以权力制约

权力是一柄双刃剑，运用得当，可以推动企业发展，为社会造福；运用不当，则会阻碍企业发展，损害各方利益。所以，权力的行使，需要有效的制约和监督，具体方法是：加强监督，以权力制约权力；授之以利，以权利制约权力。

三、以制度规范

权力什么时候该用，什么时候不该用，需要用制度来规范。要把权力关进制度的笼子里，首先制度的笼子要牢固。必须建立有效的监督制约机制预防权力的滥用，同时，通过健全、创新制度来规范权力的使用。

四、以文化调配

光把权力关进制度的笼子是不够的。制度解决不了的问题，还需要用文化来解决。

在印度和泰国，我们可见到这样的场景：一根小小的柱子，一截细细的链子，拴住了一头千斤重的大象。一条细链子能拴住千斤重的大象，不觉得荒谬吗？事实是什么？驯象人在大象还是小象的时候，就用一条铁链将它绑在水泥柱或钢柱上，无论小象怎么挣扎都无法挣脱。结果，小象渐渐地习惯了不挣扎，直到长成大象，哪怕可以轻而易举地挣脱链子，它也不挣扎了。细铁链锁住的，不仅是大象的身，更是大象的心。中国古代儒家认为，"灭山中贼易，灭心中贼难"，改变人的理念，让他不想去做一件事比制约他去做一件事更有效。

五、以效果检验

权力用得怎么样？用效果来检验。看一名企业领导者的权力用得如何，关键看他做了些什么，有没有推动企业良性发展。

| 第三节 |
动态式计划：确保达成目标

壳牌：假如发生能源危机怎么办

1890年，荷兰皇家石油公司创立。1907年，荷兰皇家石油公司与英国壳牌运输和贸易公司合并，成立荷兰皇家壳牌集团（以下简称"壳牌"）。它是国际上主要的石油、天然气和石油化工产品的生产商，也是全球最大的汽车燃油和润滑油零售商。在业务上，壳牌遍布全球100多个国家和地区，在石油天然气的勘探、开采、提炼、销售及相关化工产品生产之间保持了良好的平衡态势。

众所周知，壳牌所在的荷兰和英国这两个国家在本土都尚未发现大量石油。在20世纪70年代北海布伦特油田被发现以前，壳牌的生产和贸易活动都是在远离本土的地方进行的。在这样的条件下，壳牌为什么能获得这样的成长和发展？

1972年，情境规划大师皮埃尔·瓦克带领壳牌情境规划小组

第三章 令行禁止的推行力

进行了一个情境假设：假如发生能源危机会怎样？他们设想一旦企业失去了石油供给会发生什么，又该如何应对。这次情境规划不仅让壳牌拟出应对能源危机的对策，而且极大地影响了决策者的思考模式。每年，壳牌总部都会组织各地分公司针对石油供应突然中断的情境进行演练，每一次演练都好比一场军事预演——在战争爆发前不断模拟演习可能会发生的战事、可能会遇到的突如其来的"意外"。壳牌假设石油供应失衡，通过频繁的模拟演练，增强地方公司对突发事件的应变能力。事实证明，这种提前演练的方式非常有效，应变能力的提升给壳牌带来了巨大收益。

1973 年，石油输出国组织（OPEC）宣布石油禁运政策，由于缺乏准备，各大石油公司一片忙乱，壳牌的竞争对手被打了个措手不及，而壳牌因为提前做好了预案，避免了危机造成的损失，成为唯一能够抵挡这次危机的大石油公司。从此，壳牌脱颖而出，一跃成为世界第二大石油公司。

1986 年，石油价格崩溃，限制了全球的石油开采。在价格崩溃前夕，各大石油公司争相大肆收购和扩大生产。而壳牌不同，因为此前的成功预见，它只是在石油价格崩溃后，用少量资金就收购了大量优质油田，奠定了壳牌之后 20 多年的市场竞争优势。

20 世纪 90 年代，海湾战争爆发，世界石油市场遭受巨大冲击。但是，壳牌早就摸索出一套应对危机的办法，所以，不仅没有受到致命创伤，还因为石油价格暴涨成为最大受益者，一举超过埃克森石油公司，成为世界上最大的炼油商，年销售额达到 1070 亿美元。

壳牌提前设计未来可能发生的情景，探索出快速应对各种局面的管理模式，制定出各项预防机制。所以，当危机真正来临时，壳牌不仅阵脚没乱,反而在最短时间内拿出最正确的应对方案,成为最后的赢家。

企业在实施发展战略的时候,通常是先制订计划,然后按照计划一步一步进行。但是,在推行过程中就发现,计划远没有变化快。计划为什么落后于变化?因为通常情况下的计划都是在规划论指导下的计划。什么是规划论指导下的计划?就是按照一个既定的、不变的环境假设来制订的计划。

新经济时代,企业面临最大的挑战就是环境的变化。形势瞬息万变,目标是移动的,如果如打死靶子般打动态目标,子弹就会脱靶。正如彼得·德鲁克所说:"变化所带来的最大危险不在于变化本身,而是拘泥于运用过去的逻辑来应对变化。"那么,如何正确应对变化的环境呢?这就要求我们的计划具备较强的灵活性,由规划论到博弈论。

什么是博弈论?博弈的本义是下棋,其实新经济时代的经营就像下棋,不仅要关注竞争对手的棋子怎么走,还得关注大环境的时局变化,然后才能谋定而后动,决定自己的棋子怎么走。这是一种动态的应对方式。

一、动态式计划:以目标为导向、以应变为特征的计划

如何制订动态的计划?不妨向军队学习。军队里的作战计划就是博弈论指导的计划。比方说,目标是攻占山头,要求早上从 M1 出发,上午到达 M2,中午到达 M3,晚上到达 M4,次日凌晨夺取敌

人司令部 M5。如果中午到达不了 M3，怎么办？启动预备路线。在制订计划之前，事先做了预想，万一行进途中出现突发状况，启用预备方案应对。在实际行动中，及时改变作战路线，从 M2 绕行到 M4，按时到达目的地。

为什么很多企业总是计划赶不上变化？因为没有预备方案。一旦预备了应变的计划，即使危机来临，也能像壳牌集团一样，临危不惧，应对自如。

新经济时代，市场变化多端，一个细微的变化往往可能导致风云突变，让最初的计划无用武之地。新经济时代的领导者，在制订计划的时候，如果能够对未来可能发生的情境进行合理设计和合理规划，那么，纵使遭遇突发状况，也能做到"泰山崩于前而色不变，麋鹿兴于左而目不瞬"，泰然处之。

二、动态式计划的六大要素

管理有五大功能——计划、组织、指挥、控制与协调，计划排在第一位。在竞争激烈的环境下，如果计划做不好，企业必然被市场淘汰。这就要求所有的执行者都要有清晰明确的工作计划，并且在计划执行中，要行动迅速、反馈及时。不仅如此，在计划执行过程中，还要有严格的检查督导。

如何制订计划？最简单的方法就是格式化：考虑问题的时候，格式化；评价问题的时候，格式化。举个例子，要着手一件工作，你应该怎么做？

首先，要明确最终结果，做到胸有成竹。例如，需要做些什么？理想的结果是什么？必须让谁满意？他们对这个工作有什么期望？工作完成后，如何检测成果？

其次，着眼于一些具体事项。例如，在什么时候必须向谁交代？这个工作包括哪些因素？工作过程中需要考虑哪些因素？按什么顺序来考虑？

最后，明确完成的时间。想一想，你能按时完工吗？如果错过了规定的时间，问题大不大？可能会拖延一些时间吗？你能争取到更多的时间吗？你必须力争在最后期限内完成工作，给自己留有一定的回旋余地。

通过格式化的形式，在检查督导的时候追问每一个细节，直到得出真相。一般情况下，动态的计划要考虑哪几个关键点呢？我们发现，规范的动态式计划往往包括六个要素：目标、事件、责任、资源、进度和预案（见表3-1）。

表3-1 动态式计划的六大要素

	1分（极差）	2分（较差）	3分（尚可）	4分（较好）	5分（极好）
目标：目标科学、可行吗					
事件：内容是必要的吗					
责任：团队责任清晰吗					
资源：人力、经费和物力到位吗					
进度：时间资源有保证吗					

（续表）

	1分 （极差）	2分 （较差）	3分 （尚可）	4分 （较好）	5分 （极好）
预案：风险防范准备周密吗					
在项目对应等级画○即可　　总分：　　汇报人：　　评价人：					

1. 目标——目标科学、可行吗

如果目标过大，可以将其切分成一个个小的阶段性目标，然后按阶段目标一步一步去实现最终的目标。

在实现阶段目标的过程中，行动者就会不自主地把自己的行动和最终的目标加以对照，进而清楚地知道自己的行进方向、进展情况，同时也能弄清楚最终目标是否有不切实际、不科学之处，并及时做出调整。

2. 事件——内容是必要的吗

如何达成目标？工作的内容是什么？内容与目标是否一致？在这个过程中付出的劳动是否必要？如果事件的指向不是目标，那么内容就是不必要的。

3. 责任——团队责任清晰吗

团队的责任分为主体责任和支援责任。作为工作的主体，你必须清楚自己的责任是什么，你需要得到什么样的支援，同时，支援者也要明白他的责任所在。所以，你必须和每一位向你汇报工作的团队成员明确地交流。比如，他们怎么看待自己的那部分任务？他们心里所想的与你一致吗？如果不一致，他们心里所想的是不是比你更好？他们考虑过将要如何着手工作吗？那样做行得通吗？他们知道任务完成的最后期限吗？只有将责任落实到位，才能获得完美业绩。

4. 资源——人力、经费和物力到位吗

优秀企业的员工经常会说："我可以完成这个目标，但是我需要以下资源……"很多时候，为了实现某一目标，我们需要的不仅是个人能力，更多的是团队的相互协作。所以，在计划的时候应该列出所需人员、物资的清单。例如，增援人员从何处来？是你自行挑选还是上级指派？你需要他们给予什么样的资源支持？……

5. 进度——时间资源有保证吗

所谓进度，涉及达成目标必要的时间资源。好好利用时间，你才会提高效益；时间安排不合理，你则可能精疲力竭却收效甚微，甚至或许会因为致力于错误的事情而忽略关键的任务。所以，你必须清楚地知道自己的日程安排，有条理地安排时间。哪些事是应该优先做的，哪些事是可以暂缓处理的，要排出一个轻重缓急的顺序，然后有秩序、有组织地完成这些任务。此外，每个时期的工作重点都不相同，你需要定期检查，已经完成了哪些任务，下一步又应该进行哪项任务，核实你的工作重点，以便随时调整。

6. 预案——风险防范准备周密吗

立于不败的方案一定是具备预案的方案。因此，在做计划的时

候，一定要有全局的视野，设想可能会发生的意外，准备可行的补救方案。

自我测评

动态式计划有三个重要的考核点：

1. 所有执行者都有清晰明确的工作计划；
2. 计划执行中，行动迅速，反馈及时；
3. 计划执行中，有严格的检查督导。

在表 3-2 中，从 1 到 10 进行评分，你会得多少分？

表 3-2　动态式计划三个关键点

	所有执行者都有清晰明确的工作计划									
动态式计划	1	2	3	4	5	6	7	8	9	10
	计划执行中，行动迅速，反馈及时									
	1	2	3	4	5	6	7	8	9	10
	计划执行中，有严格的检查督导									
	1	2	3	4	5	6	7	8	9	10

| 第四节 |
复盘式总结：推动持续改善

关于汉卡的复盘

1984年，中国科学院计算技术研究所创办了中国科学院计算技术研究所公司，也就是后来的"联想"。当时，正值IBM电脑推出不久，为了提高计算机的效率，减少在汉字输入过程中对存储器的频繁访问，联想集团总工程师倪光南研制了汉卡。1985年，第一型联想汉卡正式问世，这一高科技产品既解决了在电脑中使用汉字的难题，也推动了微型计算机的普及和应用。

作为联想最早的产品，汉卡利润很高，仅仅前三年，汉卡就为联想公司创造了1200多万元利润。10年的时间，联想总共销售出汉卡16万套，利税高达上亿元。

然而，20世纪90年代中期之后，汉卡的命运发生了极大转变。因为电脑的CPU更强大了，自身的操作系统就能够很好地支持汉字处理，不需要额外加汉卡进去，汉卡逐渐退出历史舞台。

在总结联想做汉卡的过程时，柳传志说："最早做汉卡是为了盈利，但后来汉卡彻底消失了，如果当时联想一个劲儿只做汉卡，就有可能遭遇灭顶之灾。"

从柳传志的话中，领导者能够发现什么？

一、什么是复盘式总结

复盘是一个围棋术语，是指每次博弈结束后按次序把棋再重摆一遍，总结经验教训。通常下围棋的高手都有复盘的习惯。为什么要复盘？一个重要的原因就在于通过过程回放，找出攻守的漏洞，然后提升自己。

2001年，柳传志第一次在联想提出复盘，柳传志说："复盘至关重要，通过复盘总结经验教训，尤其是失败的事情，要认真，不给自己留任何情面地把这个事想清楚，把事情想明白，然后就可以谋定而后动了。"在联想，复盘不仅是一种学习方式，更是三大方法论之一。那么，联想是怎么复盘的？通常有这样四个步骤：第一，回顾目标，明晰当初的目的是什么；第二，评估结果，对照当初的目标回顾过程，进行评估；第三，分析原因，刨根问底；第四，总结经验。

一家世界级的优秀公司这样评价员工：

做对了，知道对在哪里——5分；

做错了，知道错在哪里——4分；

做对了，不知道对在哪里——2分；

做错了，不知道错在哪里——0分。

为什么"做错了，知道错在哪里"比"做对了，不知道对在哪里"分数还高？因为凡人与伟人的区别，不在于犯不犯错，而在于对待错误的态度。有些人虽然做对了，却不知道自己对在哪里。能改正错误的员工是好员工，有时候，做错了比做对了更重要，找准根源比解决问题更重要。

丰田：机器为什么不转了

在日本丰田汽车公司，曾经流行一种管理方法，叫作"5why分析法"，即对公司新近发生的每一件事情，以刨根问底的态度，至少用五个"为什么"来追问，找到问题发生的根本原因。比如，公司的某台机器突然停了，那就沿着这条线索进行一系列追问——

问："机器为什么不转了？"

答："因为保险丝断了。"

问："为什么保险丝会断？"

答："因为超负荷造成电流太大。"

问："为什么会超负荷？"

答："因为轴承枯涩不够润滑。"

问："为什么轴承枯涩不够润滑？"

答："因为油泵吸不上来润滑油。"

问："为什么油泵吸不上来润滑油？"

答："因为抽油泵发生了严重磨损。"

问："为什么抽油泵发生了严重磨损？"

第三章 令行禁止的推行力

答："因为油泵未装过滤器使铁屑混入。"

通过一连串追问，从问题表象顺藤摸瓜，一直到发现问题发生的根本原因。找到问题症结所在，就能够着手解决。

做了一件事情，不管失败或成功，重新演练一遍，检讨自己，提升自己。如果给复盘式总结下一个定义，那就是以绩效提升为诉求，以持续改善为导向的总结。

二、复盘式总结的六个要素

总的来看，联想的复盘还是属于粗放式的复盘，那么，一个精细化的复盘需要什么要素呢？与动态式计划相对应，复盘式总结也有六个关键要素，即成果、创新、差距、原因、责任和对策，如表3-3所示。

表3-3 复盘式总结的六个要素

	1分（极差）	2分（较差）	3分（尚可）	4分（较好）	5分（极好）
成果：是否符合战略目标和质量标准					
创新：是否在实现目标的过程中创造附加价值					
差距：与衡量标准相比有何不足之处					
原因：成败的经验与教训有哪些					

（续表）

	1分 （极差）	2分 （较差）	3分 （尚可）	4分 （较好）	5分 （极好）
责任：主体责任和支援责任是什么					
对策：是否有下一步优化工作的思路					

在项目对应等级画〇即可　　总分：　　汇报人：　　评价人：

1. 成果——是否符合战略目标和质量标准

彼得·德鲁克在他的《管理的实践》中提出了"目标管理"的概念。目标管理以制定目标为起始，以考核目标完成情况为终结。一项工作的成果既作为评定目标完成程度的标准，也作为人事考核和奖评的依据。也就是说，评价管理工作绩效的唯一标准就是工作成果。所以，在复盘总结的时候，要参照拟定的计划表，检验成果是否符合目标，是否符合上级要求的质量和数量标准。

2. 创新——是否在实现目标的过程中创造附加价值

实现目标过程中的创新，并不是指传统意义上的新发明，而是指创造了何种附加价值，有哪些成果超越了以往，例如是否超越了客户要求。为什么要超越客户要求？事实证明，低于客户要求，客户对你相当苛刻；高于客户要求，客户往往对你相当和蔼。

3. 差距——与衡量标准相比有何不足之处

与目标相比，存在哪些差距？与成果的衡量标准相比，又有哪些不足？数量不达标还是质量不达标？在工作总结中，为什么要寻找差距？因为有差距就意味着有发展空间，找出差距，是为了实现新的目标，再进一步。

4. 原因——成败的经验与教训有哪些

2000年，联想开始产品国际化，当时提出的目标是：10年之后，公司20%～30%的收入来自国际市场，公司的管理水准达到国际一流公司水平，公司具有国际化发展的视野和与之相对应的人才和文化。针对这个目标，2010年，柳传志对联想10年国际化进行了复盘，总结了成败得失的经验教训。10年中，联想先后并购了美国IBM个人电脑事业部、日本NEC和德国Medion，让联想从民族品牌一跃成为国际品牌。不仅如此，联想并购IBM开了中国企业收购跨国巨头的先河，并获得了ThinkPad的品牌、IBM的技术及品牌国际化的资源。这是联想国际化的成功经验。

同样，在联想国际化的发展历程中，也有一些发人深省的教训。2008年，受金融危机影响，联想第三季度利润大幅减少，到了第四季度，联想亏损达9000多万美元。整个2008年，联想净亏2亿多美元。从表面看，金融危机是亏损的导火索，其实，亏损的根本原因是管理的问题。联想并购IBM之后，两任CEO都是外籍经理人，他们是典型的职业经理人，急于在个人的职业生涯画上美好的一笔，所以容易产生短视。另外，当时作为董事局主席的杨元庆经验还不够充足，并且面临和经理人文化方面的冲突。用柳传志的话说，这些东西都埋下了亏损的根。

因此，领导者在对阶段性工作进行复盘时，不管成败，都要探究其根本原因。解决问题的真正方法，不是针对症状去解决，而是针对原因去解决。

5. 责任——主体责任和支援责任是什么

责任是否履行到位？如果不到位，是主体责任不到位，还是支援责任不到位？很多时候，团队成员没有很好地合作，原因就在于责任不明确，当他不需要负责任的时候，他的行为就会懈怠。其实，不负责任不是心态的问题，更多是行为问题，它体现的是行为松懈。所以，在制订计划的时候，责任要落实到个人；在复盘总结的时候，也要责任追究到个人。

6. 对策——是否有下一步优化工作的思路

总结以绩效提升为诉求，以持续改善为导向。因此，不管创新也好、差距也好、责任也好、原因也好，都是为了指向下一步工作。概括起来就是"总结经验，查找问题，分析原因，探索对策"，探索对策才是总结的真正目的。

假设一个领导团队里面有八个人，在总结的时候，每个人都要对自己进行总结，然后评估打分，不仅是自己打分，还要让下级、同级给自己打分，最后施行排名。如果每次都不合格，就会被淘汰。

对于领导者来说，动态式计划和复盘式总结，从起点到终点，牢牢锁住工作进展状况。通过这两个工具，领导者能随时得到很好的反馈。不仅是指导工作，也能让领导者发现问题所在、差距所在、问题的原因所在，找到对策，推动下一步的持续改善。

自我测评

如何以绩效提升为诉求，以持续改善为导向？这就要求领导者：

1. 工作全过程有里程碑式的阶段性成果评估机制；
2. 每阶段都有复盘式回顾管理机制；
3. 团队奖励功劳而非苦劳。

在表3-4中，从1到10进行评分，你会得多少分？

表3-4 结果导向的三个关键点

	工作全过程有里程碑式的阶段性成果评估机制									
结果导向	1	2	3	4	5	6	7	8	9	10
	每阶段都有复盘式回顾管理机制									
	1	2	3	4	5	6	7	8	9	10
	团队奖励功劳而非苦劳									
	1	2	3	4	5	6	7	8	9	10

| 第五节 |
承诺到位：执行变成自行

莫拉蒂海滩实验

一名游客在莫拉蒂海滩上放了一块毯子，毯子上放了一台收音机，然后他就去游泳了。旁边的人都知道这是一名游客的收音机。这时候另一个人假扮成小偷走过来，把收音机拿走，想看看周围的人有什么反应。实验的结果发现：20次实验，都没有人去管。

这个实验结束后，实验者又做了另一个实验，同样做了20次。实验的情境只发生了一个变化，即下海之前，收音机的主人拜托大家照看一下收音机，这种拜托并没有具体针对某人，被拜托的人也没有具体的承诺，只是点点头。但是20次实验中，每次都有人出来阻止小偷。

是什么锁定了他们的行为，让他们把别人的事当作自己的事？

一、效能低下为哪般

在绩效管理中,大部分企业注重对结果的管理,即事后管理,具体体现为奖罚,把奖罚做到极致,叫作赏罚严明。研究发现,最严明的赏罚对提升组织绩效至多起到 25% 的作用。再来看过程管理。过程管理典型的模式是反馈。但是,该模式对提升组织绩效也只有 25% 的作用。

研究发现,能有效提升组织绩效的管理,不是事后管理,也不是事中管理,而是事先管理。事先管理的核心是什么?承诺。我们看到,莫拉蒂海滩实验的结果差距如此大,原因就在于后者有了某种承诺,因此有了责任。所谓事先管理,即承诺管理,其实是将管理指令变为心理契约的过程。

世界上最有成效的事情都不是用纪律来约束,而是用承诺来锁定的。不要小看当众表达的力量,当众表达就等于向大家承诺。有承诺的目标与没有承诺的目标相比,实现情况大不一样。以明确的方式对未来的行为做出保证,当责任被承诺时,执行力将会倍增。

二、如何进行承诺管理

1. 明确目标

人们在工作的时候需要做出承诺,以提高工作效率。承诺什么?首先明确目标:不是领导给下属制定目标,也不是下属自定目标，而是双方共同制定目标。那么，承诺需要锁定哪些要点呢？两个方面：承诺内容和承诺方式。

在内容上，承诺要锁定质量、数量、时间等要点。只有目标没有质量不行，只有质量没有数量也不行。承诺体系特别重要的要素就是量化，承诺只有定性，没有定量，在履行的过程中，你就会发现承诺不够合理。此外，光有质量和数量也不行，还得有时间的保证。

在方式上，一要制定承诺规则，要避免形成恶性竞争，不能不择手段完成任务，必须在规则约束下进行；二要承诺公开化，把承诺公开贴在墙上，每当看到墙上的承诺，就会立刻被提醒——目标在那里。

2. 激活动力

什么是动力？

老板给员工制定目标，其实这是老板的动力，不是员工的动力。管理顾问问企业员工："你有什么目标？"员工说："我要营业额实现100亿元，在各城市开门店达3000家。"顾问再问："那对你有什么好处？"员工模糊地回答："公司有好处，我就有好处。"到底有什么好处，他答不出来。其实，优秀的领导者必须明白，对于基层员工、中层员工及高层员工，其内心的驱动力是不同的。聪明的领导者，不是给员工制定目标，也不是帮员工降低目标，而是把目标分解，与员工的梦想相结合，真正地激活员工的动力。

3. 双向承诺

员工做出承诺，其实离达成目标还很远。因为，在现代社会中，个人单独达成目标越来越难，需要他人尤其是领导的支持。在员工做出承诺的时候，领导者也要做出承诺，目的是用领导者的承诺锁定员工的承诺，形成一个承诺体系。承诺体系包括纵向承诺和横向承诺。

所谓纵向承诺，即上级对下级、下级对上级的双向承诺。下级对上级承诺目标，上级对下级承诺奖罚。

所谓横向承诺，就是一线员工向客户承诺，二线员工向一线员工承诺，领导者向全体员工承诺，形成多米诺骨牌效应。

4. 自觉履行

承诺是责任的让步，把责任从领导的变成下属的。履行承诺，重点在"自觉"上。"自觉"在这里的意义，不仅是指自己有所认识而主动去做，更是指在履行承诺的过程中，领导者及时给予指导，让下属知道偏差在哪里。就好比GPS导航，领导者不断地、及时地给予反馈，让下属知道自己走到哪里。承诺到位，反馈到位，执行就会变成自觉履行。

5. 兑现承诺

以上四点都做到了，还要说话算数。承诺是一个诚信体系，履行承诺体现的是一种诚信。如果不能兑现承诺，体系就会崩溃。

在承诺管理中，言出不践是领导者的大忌。宋代《袁氏世范》

有云:"有所期诺,纤毫必偿,有所期约,时刻不易。"对别人承诺的事,一丝一毫都不能马虎;跟别人约好的时间,一时一刻也不能改变,这就是诚信。

三、拟定承诺卡

在企业管理中,有了流程,往往能够将管理化繁为简。承诺管理也一样,也需要制定一个承诺流程,明确指导者是谁、承诺者是谁、督察者是谁,指导者制定了什么目标及评估标准是怎样的,承诺者对目标是否理解和确认,需要的支持与辅导有哪些,承担的责任是什么,等等。一系列的东西都要公开和具体,为相互监督、相互考核立下依据。拟定一张承诺卡(见图3-2),立此为凭,锁定承诺。

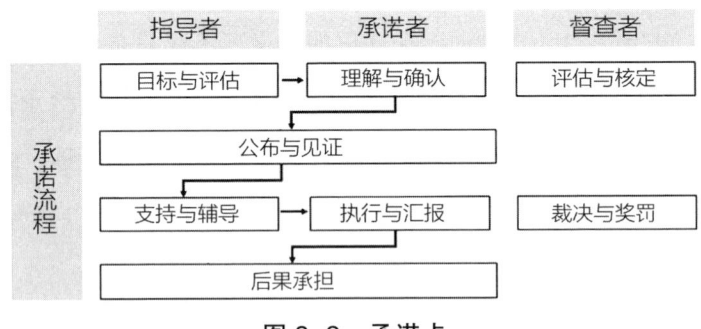

图3-2 承诺卡

> **自我测评**
>
> 承诺管理,是将管理指令变为心理契约的一个过程。那么,在

第三章 令行禁止的推行力

实践中,领导者具体该如何推行承诺管理?研究发现,有三个好用又有效的方法:

1. 在组织中形成一以贯之的执行习惯;
2. 在组织中形成全员承诺机制,让推动变成自动;
3. 在组织中形成卓有成效的竞赛机制。

在表3-5中,从1到10进行评分,你会得多少分?

表3-5 承诺到位的三个关键点

	在组织中形成一以贯之的执行习惯									
承诺到位	1	2	3	4	5	6	7	8	9	10
	在组织中形成全员承诺机制,让推动变成自动									
	1	2	3	4	5	6	7	8	9	10
	在组织中形成卓有成效的竞赛机制									
	1	2	3	4	5	6	7	8	9	10

第六节
竞赛管理：让团队进入"巅峰状态"

竞争与荣耀

美国西点军校，核心目标是"培养未来的领导者"。在这一目标主导下，西点刻意营造一种竞争氛围：在美国国内，其最直接的对手就是安纳波利斯海军军官学校。

西点的教学楼和学员宿舍楼顶上，用黄色油漆写着非常醒目的大字"GO ARMY"（参加陆军）、"SINK NAVY"（击沉海军）；在操场的地下通道内，不仅刷着醒目的"GO ARMY"和"SINK NAVY"的标语，还详细列出了两所军校历年橄榄球比赛的战绩。在安纳波利斯海军军官学校，同样有激励本校学员的大幅标语——"GO NAVY"（参加海军）和"BEAT ARMY"（打败陆军）。

其实，这是两所军校每年一度的橄榄球比赛的口号，后来演变成两个学校捍卫各自军种荣誉的口号。

一、用竞赛法刷新业绩

如果一个人不积极发挥自己最大的能力，多半是缺少了能让自己兴奋的东西。这种令人兴奋的东西是什么？我们把它叫作竞赛。

什么是竞赛？竞赛是生活中常见的一种活动方式。日常生活中，很多单位和团体经常进行球类、棋类及其他各种各样的比赛，比赛往往充满竞争的激烈气氛，使一个人达到最兴奋的状态，进而超水平发挥。所以，竞赛的激励作用是非常明显的。

在职业运动中，竞赛的激励作用达到了极致。无论是哪项运动，选手无不全力以赴。

把竞赛的机制运用到管理中，也是行之有效的。一般来说，竞赛是激发学习动机的有效手段。它利用人们获取成就的需要，极大地激发了人们奋发努力、积极向上的学习动机，提高了人们的学习兴趣，增强了人们克服困难的毅力。因此，多数人在竞赛情况下，学习和工作的状态比平时要好。

研究发现，竞赛的心理学意义在于：竞赛对动机有激发作用，使动机处于活跃状态；竞赛能增强组织成员的心理凝聚力，明确组织与个人的目标，激发人的积极性，提高工作效率；竞赛能提高人的智力发挥水平，使人的感觉更敏锐、注意力更集中、记忆状态更良好、想象更丰富、思维更敏捷、操作能力更强；竞赛能调动人的非智力因素，并能促进集体成员劳动积极性的提高；团体间的竞赛能缓和团体内的矛盾，增强集体荣誉感。

那么，如何把竞赛管理做到极致呢？

1. 赛规设计的公平性

竞赛必须设计规则，在设计赛规的时候，一定要体现公平性。这里的公平性是相对公平，而不是绝对公平。约定俗成的就叫作公平，大家都认可了的就叫公平。所以，在制定游戏规则时，一定要征求大家的意见。只要绝大多数人同意，就算定下了规则。

2. 赛种设置的引导性

凡是积极性不高的地方，凡是没有竞争的地方，往往会出现腐化、懒惰、松散。所以，在企业里，对团队中最没有积极性的部门，要实施竞赛管理。在设计竞赛模式的时候，可以分为几大类：团队竞赛、个人竞赛、单项竞赛和全能竞赛。

团队竞赛，即部门与部门之间的竞赛。不同部门之间怎么竞赛？举个例子，后勤部门和销售部门怎么竞赛？后勤服务部门有内部客户，一线销售部门有外部客户，客户满意度对于两个部门而言是重要的考核指标，这是一致的、相通的，便可以设定为竞赛指标进行团队竞赛。

个人竞赛，即岗位与岗位之间的竞赛。新员工和老员工能够竞赛吗？当然可以，只要加上权重就行，新员工要做出和老员工相同的成绩，可以乘以150%或者200%。

至于单项竞赛和全能竞赛，就不用多说了。

一般来说，在其他条件相同的情况下，团队竞赛比个人竞赛效果要好，为什么？团队中更需要的是合作，而不是个人英雄主义。不仅如此，团队竞赛会产生互帮的动力和制止个人落后的动力。

另外，公布成绩比不公布成绩效果要好。但是过于频繁的竞赛有时会起负面作用，特别是对于成绩差的人，多次失败会让他丧失信心。

所以，作为组织的领导者，要善于引导赛种的设置。

在企业管理过程中，可以用金钱激励员工，可以用荣誉激励员工，也可以像西点军校一样用竞争对手激励员工。

3. 赛后激励的复合性

很多老板在谈激励的时候，会不经意地把激励和薪酬联系起来。不可否认，薪酬激励是最常见的激励方式，但是它属于外部动力。外部动力不是万能的，甚至有时会失效：该奖励的都奖励了，效果却越来越不好。把金钱作为奖励，原来发300元钱，员工对老板感恩戴德；现在发500元钱，员工连眼皮都不抬一下。这就是物质满足的边际效应递减。

金钱的激励作用会产生副作用，重复的金钱奖励会产生负激励。大部分企业给员工发钱，第一年叫作激励，第二年就叫作福利，第三年就叫作负激励。

"物质激励万能"的泡沫破灭以后，人们发现，物质激励是低水平的激励，更高水平的激励需求来自精神层面。

戴尔公司马来西亚分厂的厂长收到过一件特殊的礼物——一只旧跑鞋。送这件奇怪礼物的不是别人，正是戴尔公司的创始人迈克尔·戴尔，这只旧跑鞋是戴尔本人穿过的，送这件礼物是为了祝贺戴尔公司在亚洲开办了第一家工厂。厂长得到这件礼物后，立刻明白了老板的良苦用心，深深地感受到老板的信任和期望，决定好好干，脚踏实地地发展。

这就是精神激励的魅力。相对于物质激励，精神激励是一种内在激励。研究发现，精神激励会成为一种长效的动力。所以，要把物质激励与精神激励结合起来。

二、用复合法激活内力

复合法是什么意思？就是不但要发钱，而且要给人成就感。聪明的公司会在员工衣服的左边口袋里装奖金，在右边口袋里装成就感。我们的激励，起始的目标是提升员工业绩，终极的目标是培养员工的拼搏精神。

满足他人的物欲，你还是商人；升华他人的精神，进而吸引更多的人，这才是领导艺术的最高境界。

第四章
优化资源的组织力

第四章 优化资源的组织力

第一节
营造环境：优化组织性能

加利福尼亚州红杉树

加利福尼亚州红杉树（以下简称"加州红杉"）是目前世界上最高的物种之一，成熟的加州红杉树干高达 100 米，直径达 8 米，树龄长达 3000 年，出材率非常高。一般来说，越是高大的植物，它的根基也就扎得越深。但是植物学家发现，加州红杉是一种浅根型植物，平均根深只有两米。它长在海边，常年经受风暴袭击甚至飓风肆虐，却可以 3000 年屹立不倒，为什么呢？

原来，加州红杉的平均根深虽然只有两米，但是延绵开来将近上百公里。研究发现，加州红杉的根须紧密相连，相互交错，形成一大片红杉林，蔚为壮观。所以，再大的飓风也无法撼动上千公顷的红杉林。这就是"慧根短浅也可成大器，因为有宽度"。

慧根短浅，如何成大器？从加州红杉的生长习性中，企业领导者能够得到什么启示？

一、什么是人才的环境

很多时候，我们以为环境留人，很多时候，我们又以为薪资留人，实际上，真正能够留住人的是人。

凡是没有人才的地方，人才基本上断绝；凡是有人才的地方，人才往往会扎堆。这也符合人以群分的规律。如果一个团队里全是庸才，偶尔有一个优秀人才空降下来，就会发生排斥现象。"空降兵"和"子弟兵"之间常会出现排斥反应，因为"子弟兵"和老板多年同甘苦共患难，所以，"子弟兵"把"枪口"对准了"空降兵"，"空降兵"孤立无援，一旦出了差错，就会被淘汰出局。但是，在无人支持、孤立无援的情况下，"空降兵"往往会出错，命运使然。所以，人才最重要的环境是人才，人才是人才最好的环境。

人才是很孤独的，单独的人才很难存活，但是有了一群人才，形成一个团队，互相扶持，人才就容易成活。跟加州红杉一样，所有红杉的树根都相互交错，彼此紧密相连，相互支撑。人才是人才的根，我们必须把人才看成群生动物，不能看成一只单打独斗的孤狼。

企业通常对人才非常重视，把核心的人力资源称为人力资本。在现代职场中，企业在选择人才，人才也在选择发展的平台。因为企业是投资者，人才同样也是投资者。人才有什么资本？人才的职业能力就是他的资本。哪个伯乐给予他的资本回报高，他就奔向哪里。那么,在一家企业中,与人才相关的因素有哪些呢?组织、制度、文化、成长空间、上司、下属、同级、工作环境和工作内容,等等。这些因素中,最重要的是什么?成长环境。

假如你成立新公司,要招的第一个人才,他的职业角色应该是什么?

一般来说,企业用人的大致思路是:第一步,伯乐相马,选择千里马;第二步,驯服千里马。假如你要招财务经理、销售经理、技术人员,那么,谁来招?从逻辑上看,你想找到一群千里马,就要先找到伯乐。所以,当你立起一杆大旗的时候,招聘人才的起点就是找到能帮你招兵买马的人。企业里除了老板,最重要的角色之一是人力资源经理。如果说人才是千里马,那人力资源经理相当于伯乐。伯乐来了,才能找到千里马。当人才成为吸引者,就会吸引更多的人才,这就是人才的作用。

人才伯乐艾柯卡

李·艾柯卡临危受命于克莱斯勒公司。当时,克莱斯勒公司濒临破产,又极度缺乏人才。怎样给克莱斯勒补充需要的人才呢?艾柯卡想到了以前共事的同事,老东家福特公司那里有不少得力干将。

第一位是福特公司委内瑞拉子公司的总经理杰拉尔德·格林沃尔德,艾柯卡特别欣赏他的机敏头脑和实干精神。于是艾柯卡亲赴委内瑞拉,做格林沃尔德的工作。格林沃尔德被老上司的盛情打动,毅然赴任。

第二位是福特公司前副总裁保罗·伯格莫泽。他在福特公司副总裁的职位上干了30年,勤勤恳恳,经验丰富又足智多谋,在艾柯卡再三推举下，成为克莱斯勒公司总经理。

第三位是由格林沃尔德举荐过来的史蒂夫·米勒。他曾经在格林沃尔德手下主管财务，艾柯卡听说他是当家理财的一把好手，因此破格提拔他为公司主管金融业务的副总经理。

第四位是哈尔·斯帕利奇。他跟着艾柯卡干了24年，头脑灵活，颇有谋略，眼光独到，对汽车市场上未来三四年受欢迎的车型有很好的预见。艾柯卡委派他主管公司的生产计划。

还有，原来负责福特公司公关的加·劳克斯主管销售，已经退休的汉斯·马赛厄斯主管机械制造，对质量完美挑剔的乔治·巴茨负责产品质量。

艾柯卡把人才吸引过来，结果只用了三年多的时间，就让克莱斯勒扭亏为盈，走出低谷。

建设好人才成长的环境，人才才能生生不息。让人才成片，栋梁成林，就会有更多的栋梁之材出现。

二、优化组织环境，让人才生生不息

在一个组织中，推动其前进的力量有很多，每个组织成员都是一份力量，但由于目标方向不同，各有各的能力，各有各的方向，各有各的价值取向，这些力量往往会导致组织朝不同的方向前进，从而变得散乱不堪，合力就不是1+1+1=3，可能是1+1+1=2、1+1+1=1，甚至出现1+1+1=-1。如何让人才成为组织的宝贵资源？组织的作用就在于把人才结构化，让散乱的人才、散乱的方向形成有序结构（见图 4-1）。

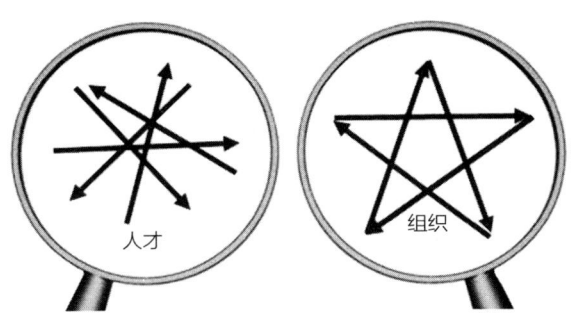

图 4-1　组织的作用

靠一盘散沙去实现组织的战略目标，几乎是不可能的，只有将人才结构化，才能实现战略目标。如何由人才变成组织？有这样三个发力点：

第一，组织方式，让结构发力。水平高的人和水平低的人互换位置，组织的绩效就会发生改变。很多时候，人不用换，只是调整一下位置，形成有序的结构，组织的效能就会成倍增长。

第二，运行方式，让规则发力。没有规矩，不成方圆，在一个组织中，人和人打交道，一定要有规则，没有规则就会出现内讧。游戏规则往往决定了组织的效能。

第三，连接方式，让情感发力。组织的要件不是没有生命力的机器，而是人。人是有情感的动物，情绪会影响他的作用发挥。所以，组织最大的难处就在于人是有感情的，领导者必须关注人的情绪和情感。组织中人和人之间需要连接，连接的通道就是情感。

一般组织与优秀组织的区别在于，一般组织把人才放在一起，但是没有梳理结构，优秀组织则会让人才形成有序结构。简单来说，优秀组织会把这些力量统一到同一个方向，从而形成一个系统的结构。这种复杂组织中的结构性决定了它的作用和效率。

很多时候,企业的败亡往往不是因为没有人才,而是因为人才没有结构化。当前一些组织仍处在乌合的阶段,却不断地向外寻求人才,吸引人才。其实,如果结构没有梳理好,吸引人才就是组织的灾难。怎么解决这个问题?优化组织性能,让结构发力。

三、优化组织性能,让结构发力

三星发力源于"三角形管理框架结构"

三星创建了"三角形管理框架结构":集团CEO位于三角形顶点,三角形底部的一个点是集团的结构调整本部,另一个点是集团总裁团,如图4-2所示。

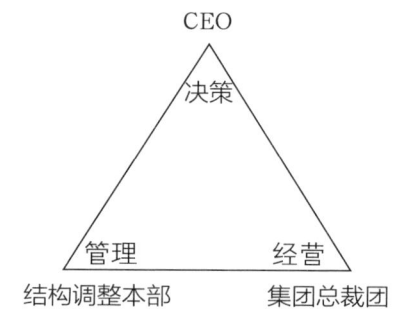

图4-2 三星的三角形管理框架结构

CEO负责指引经营方向及部署战略目标,在大方向上把握全局。结构调整本部负责把CEO提出的战略具体化,与号称"智囊团"的三星经济研究院齐心协力为三星勾画未来战略的蓝图;同时,为CEO和总裁团制定经营战略、战术提供意见,协助CEO及总裁团实施战略决策,并扮演"监察队"角色。集团总裁团负责具体组织指挥，实施具体战略计划，即如何开展实际经营活动。

一个顶点，两脚支持，三角形管理框架结构大幅度提高了三星的竞争力，被视为三星管理工作的里程碑。

组织架构是企业的骨骼，传统组织架构容易出现结构缺失的问题。图4-3是一家企业的组织架构图，这种组织架构非常典型，几乎80%的企业都是这样的结构。这个组织架构看似理想，但是，如果仔细分析，你会发现它的日常运营功能缺失，经营和管理交叉混乱。在运营过程中，这样的组织架构往往软弱无力。

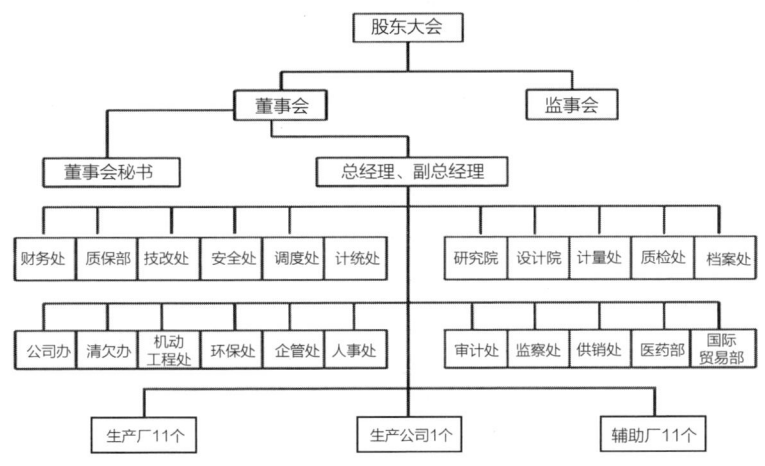

图4-3　80%的企业的组织架构

图4-4是我们帮助一家企业做的组织架构，把经营、管理和决策三个部分明确标示出来，组织立刻变得强而有力。工作内容没有变化，人员没有改变，但是组织结构调整了，绩效大幅度提升，企业因此获得新生。

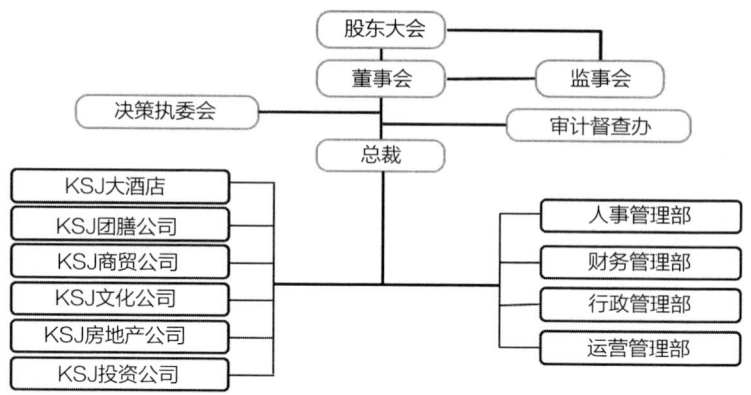

图 4-4 合理的组织架构示例

人们常说筑巢引凤，企业作为一个特定的社会经济组织，只有不断地优化组织性能，形成合理的组织架构，营造良好的人才环境，才能把更多的人才吸引和稳定在企业之中，最终实现企业的战略目标。

自我测评

组织力是设计组织结构、配置组织资源、优化组织系统的能力，是事业能量的放大器。在对领导者营造组织环境的考核中，有三个考核点：

1. 优化组织环境，建立相互支撑的架构；
2. 所有人员均在最恰当的岗位上；
3. 所有岗位都有明确的岗位责任。

在表 4-1 中，从 1 到 10 进行评分，你会得多少分？

表 4-1　营造环境的三个关键点

营造环境	优化组织环境，建立相互支撑的架构									
	1	2	3	4	5	6	7	8	9	10
	所有人员均在最恰当的岗位上									
	1	2	3	4	5	6	7	8	9	10
	所有岗位都有明确的岗位责任									
	1	2	3	4	5	6	7	8	9	10

| 第二节 |
善用流程：规范组织运行

华为亿金买流程

1998年，华为在产品的开发和市场应用上都取得了重大突破，对当时的国内企业来说，华为已经是一家相当成功的公司了。但是，与国际同行相比，差距还相当大。华为每年把销售收入的10%投入研发，但研发的效益仅仅是IBM的1/6；供应链方面，华为订单及时交货率只有50%，而国际领先公司为94%；华为订单履行周期长达20~25天，国际领先公司只需10天；在库存周转率上，华为是每年3.6次，而国际领先公司是每年9.4次。发现问题之后，任正非提出"管理与国际接轨"的口号，启动了业务流程的变革。

1998年8月，华为与IBM合作启动了业务变革项目。IBM派出首批50位顾问入驻华为。华为专门成立管理工程部，进行长达 5 年的流程再造。2003 年上半年，数十位 IBM 顾问撤离华为。华为财务部的负责人透露，华为 5 年流程再造耗资高达数亿元，涉及公司价值链的各个环节，是华为有史以来影响最为广泛、深远的一次管理变革。

学费高也是值得的。在完成流程变革项目两年之后，华为员工的人均销售收入从 57 万元上升到接近 150 万元。

在企业里，流程的运用非常广泛，大多数企业都是以流程为基础来进行运作的。

什么是流程？流程再造的奠基人之一托马斯·H.达文波特给出的定义是：企业流程是跨越时间和空间的有序的工作活动，它有起点和终点，并有明确的输入和输出。

这个定义强调了工作的有序性，以及明确的预期和对结果的度量。因此，简单来说，流程就是做事的顺序，或者说多名人员、多个业务有序的组合。它更强调执行，达成个人或企业确定的目标和结果。所以，为什么做的问题，交给领导来解决；谁来做的问题，交给职责来解决；怎么做的问题，交给流程来解决。

大部分企业都存在形形色色、大大小小的流程。具体来讲，有两种流程比较实用，一种是标准化的操作手册，就像作业指导书，按照部门工作程序，规定每道工序每一工作环节的工作标准；另一种是工作流程图，或者叫业务流程图，一方面反映每个流程中各种业务之间的关系，另一方面反映各个流程之间的关系。

一、企业流程的进化阶段

企业流程的发展经历了四个阶段。

1. 企业流程 1.0 阶段

第一代流程图是直线型的，主要反映单个流程中各业务的组成及业务之间的逻辑关系。第一代流程图的主要贡献是厘清了业务的时序概念，在时间维度上进行工作步骤分解，将业务拆解并进行线性表达。

比如社会保险办理流程（见图 4-5），从入职、投保、银行扣款、投保款资变动直到最后的退职、登录备查，是以时间的先后顺序或者依次安排的事项来制定业务流程的，但整个流程的每一环节之间是不发生关系的。

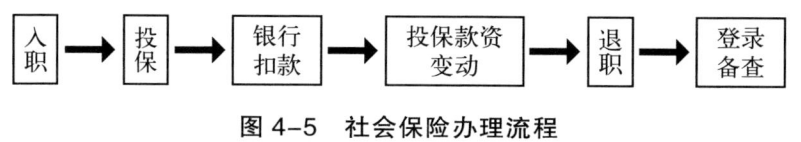

图 4-5　社会保险办理流程

2. 企业流程 2.0 阶段

第二代流程图是回路型的。它不是一条路走到底，而是存在循环。第二代流程图主要在时序的基础上明确了角色概念，便于在完成任务的过程中追究部门责任，既有线性的表达，更有对结果负责的理念。

例如客户服务流程，由客服系统收集客户信息，然后交由客服代表对所有的客户信息进行整理，整理好之后交给客服部进行信息分析，并将分析结果报总经理批示，总经理做完决策还不算结束，他要把决策结果反馈给客服部，然后由客服部安排执行。如图4-6所示，它是一个循环的过程。

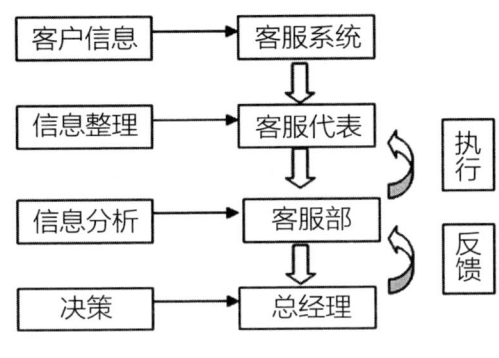

图 4-6　客户服务流程

3. 企业流程 3.0 阶段

第三代流程图是多维型的，每一个部门之间都会有交叉关系。其主要贡献是确立了二维过程管理思想，以时序与空序交织成流程的经纬线，让情节与角色的概念更加明晰。

比如研发经费申请流程，首先由科研项目单位申报科研项目，然后由科技办审核，通过之后报总经理审批，总经理审批签字后，由财务处付款给科研项目单位，最终由科研项目单位执行科研项目。如图4-7所示，在这个流程图中，不仅有了时间概念、有了循环，更重要的是有了责任概念，也就是说，负责每个环节的部门要承担相应的责任，对本环节的业务负责。与第一代、第二代流程图相比，第三代流程图更加科学有效。

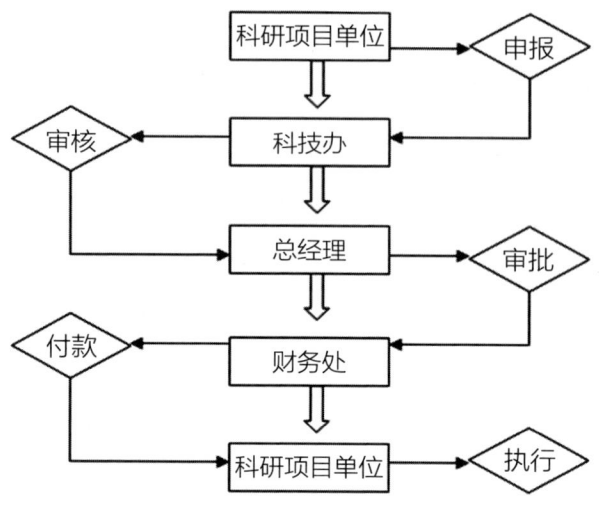

图 4-7　研发经费申请流程

4. 企业流程 4.0 阶段

第四代流程图进行更深层次的创新，是循环型的，追求业绩的螺旋式提升。

多年的研究发现，流程很多都是有角色的，但是没有突出主角；角色只是承担任务，但是任务轻重没有详细说明。以往的步骤通常是P（计划）—D（实施）—C（检查）—A（处理），但在实际操作中，顺序并非如此，C不一定在D之后。事实上，在P之后，领导其实已经在检查了。第四代流程图的步骤是P—C—D—C—A—C，C作为过渡点，一旦审批通过就进入下一个环节。如图4-8所示，这是一个企业战略规划的编制流程。其中，菱形所示的审批环节都是C。

企业的业务流程，是由不同的人为了完成同一项任务，或者达

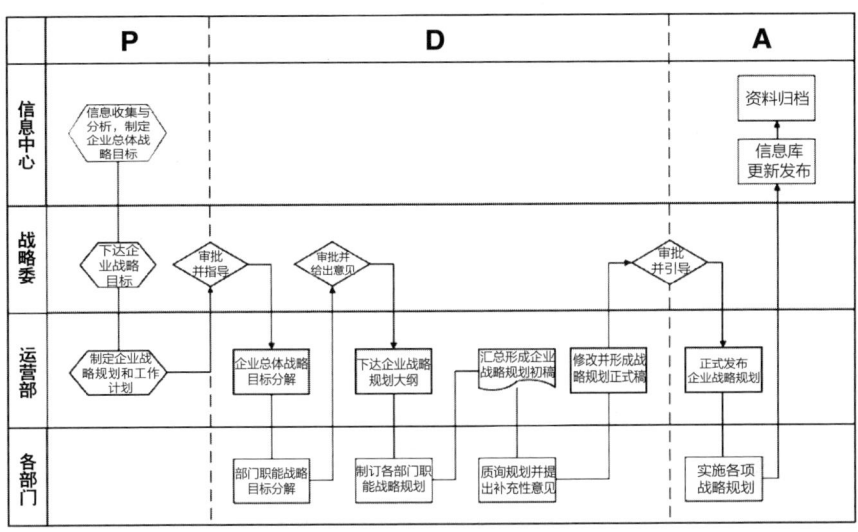

图 4-8 某企业战略规划的编制流程

到某种特定的发展目标而共同完成的一系列活动。它不仅包括时间序列上的先后顺序限定，也包含空间序列的合作。另外，工作的内容、方式、责任等，在流程图中也都会有明确的安排和界定，以便不同的工作内容在不同岗位角色之间可以有效进行。为什么很多企业内部打乱仗？很大程度上就是因为部门协调不清晰，各部门不知道在哪个时间段介入而导致的。所以，业务流程图的完善，可以很好地解决这一问题。

二、汇报的四步流程

路易斯·郭士纳认为，一家公司里有效的战略执行是建立在三个基础之上的，即一流的业务流程、战略的透明性及高绩效的公司文化。优秀的企业不一定具备一流的员工，但一定拥有一流的流程。

麦当劳拥有一流的流程规范，不管是员工甲还是员工乙，只要按照步骤去做就能够完成任务。通过流程规范，把动作进行分解，把艺术还原为技术，这就大大提高了效率。那么，工作汇报是怎样的一个流程呢？

在工作汇报上，很多人把汇报当成和上级通报的手段，让上级了解情况。如果以百分制计算，这样的汇报最多打 50 分。另外 50 分在哪里？

先来看什么是汇报。向上级通报情况，以获得资源的沟通方式，我们就称为"汇报"。在日常工作中，很多工作汇报是"向上级通报情况"，却没有"获得资源"。要获得上级的资源支持，汇报就不能是简简单单的通报情况，而要具备四个要点，如图 4-9 所示。

图 4-9　有效汇报的四个要点

1. 有归纳

总结归纳在一段时间内你做了哪些工作。归纳即有条理地概括。领导者的思维模式是抓大节，必须用几句话把事情讲清楚。

通常情况下，表达不清楚是因为缺乏条理。正确的表达方法也叫金字塔表达法。金字塔表达法作为一项层次性、结构化的思考、沟通技术，用总—分结构归纳问题。塔尖是一个总的观点，由多个论据支持，在各个论据下又由几个子论据支撑，层层延伸，形成一个逻辑缜密的结构。我们在向上级汇报的时候，应采用金字塔表达法，从塔尖开始陈述。

2. 有成果

向上级汇报工作，一定要讲成果。一段时间内的工作取得了哪些成果，要罗列出来。例如，总结这个阶段的工作，我们取得了三项成果：第一项是业绩超额完成，第二项是培养了新的团队，第三项是客户满意度更高了。

3. 有问题

为什么要有问题？因为提出问题的时候已经隐含了向上级要求支援的想法。如果没问题，上级无须支援。举个例子，你可以这样来陈述问题："在这方面，只有我一个总经理负责是不行的，因为我的精力是不够的。本来这项工作能够取得150分，但由于我顾不过来，耽误了很多工作，只取得了100分。问题的关键就在于领导团队有缺陷，助手没有到位。"其实，这里铺垫的是什么？"我需要得到支援"。

在这种情况下，很多经理人或许会得到这样的回复：你自己想办法吧。所以，光有问题还不够，还要有对策。

4. 有对策

所谓有对策，就是预先把可想到的方法都考虑到，让方案无懈可击，一旦上级有疑问，你还有预案。例如，针对这样的问题，我准备采取三项对策：第一项，我如何去做；第二项，我如何去做；第三项，我如何去做，希望领导给一些支援。

三、汇报演练

假设一个情境，你作为一个部门的负责人，需要增加一个副手，但是组织又有精简机构的说法，不轻易增加副手，你该如何说服上级，以达成你的目标呢？

案例甲

大区经理：杨总您好，今天跟您汇报一个工作情况。2018年，我们负责的大区取得了比较好的成绩，无论是品牌上、营销上，还是渠道上，我们都超额完成了任务。我们的业绩做得很不错，对于公司整体业绩的完成有很大作用。2019年，我们的挑战将会更大，因为公司增加了30%的目标额。接下来，我有一个需求，希望在市场方面增加一个经理级的管理人员。原因有几个方面：2018年我们增加了两个中心，2019年还会增加中心，而且我们的业务分布在三个城市，目前只有一个渠道经理、一个市场经理，管理人员比较欠缺。

杨总：用最少的管理人员做最多的事情。

大区经理：现在我们基本上是一个主管管着两个中心，下面有30个人。作为经理来说，他要管三个城市，如果想把业绩做起来，

第四章 优化资源的组织力

就比较困难。

杨总：所以你们要改进工作方法，想想办法。

大区经理：我们也想办法了，但是员工比较多，业绩压力比较大，管理人员又比较少，而且三个城市都要管。我们考虑了几个方案。第一个方案，经理每个月到每个城市至少待一个星期，给员工做培训，给主管做培训，除了这些，他还做渠道，管品牌、营销以及谈判等工作。第二个方案，因为新员工比较多，流失率比较大，培训非常重要，我们想利用跨区域的资源，比如拿A城市的资源去支援B城市。2018年我们就是这么做的，而且也取得了不错的成绩。

杨总：非常好，2019年继续这样做。

案例乙

郭经理：杨总您好！我想就2014年和2015年的发展，在人员规划上跟您做一个沟通，请问您时间方便吗？

杨总：可以。

郭经理：西安是我们新的发展区域，整个新区主要由我总负责。目前，我们正在开第二家店，这家店的位置十分具有战略意义。我们计划在2014年年底开第三家店。正因为如此，相应的人员培养必须跟上，所以，能不能在人员战略上做一个考虑，如外部招聘或者内部培养？新区现有的店面主管都是新人，新员工比较多，培养的工作量非常大。不仅如此，布局第三家店面也是需要耗费成本的，况且现在我们的品牌还没有完全打造出来。

杨总：现在公司的领导职数卡得很紧，管理人员可能暂时不能到位，你能想想别的办法吗？

郭经理：为什么领导职数卡得紧呢？

杨总：因为我们接下来有统一的结构调整的考虑，所以现在不宜过多提拔领导者，半年之后我们再统一考虑。

郭经理：现在是1月，我们谈的是10月的事情。我的计划是从10月开始这个人到经理级别。如果培养三个月的时间，每个月的成本是1.8万元，共计投入成本5.4万元。但是，第三家店顺利开业，这个人能上手的话，每个月对他的业绩要求是10万元，假如他可以带5个销售人员，按80%计算，每个月的业绩就是40万元。

杨总：他总共的成本是多少？产出又有多少？

郭经理：如果我们计划2015年1月开第三家店，希望这个人提前三个月到位，这三个月的投入应该是成本，不一定有收益，但是这个人如果到岗，他的能力提拔起来，当效率达到一定值，我们的利润将会更好。2015年，我可以保证业绩增长会超过200%。

杨总：这是在100%培养成功的前提下，如果是100%失败或者是50%失败了呢？

郭经理：我也想过这个问题。从人员的选拔、招聘来讲，我们可以分为两个方向，一个是外部方向，包括外部招聘，吸引对标企业的优秀人才加盟；另一个是内部人员的提拔。我们说的是半年以后的工作，时间比较合适，也没有打乱您的计划。

杨总：接下来的业绩你会承诺200%的增长吗？

郭经理：是的。

杨总：你敢跟我对赌吗？

郭经理：敢。

杨总：好，这件事我们就这样定了。

第四章 优化资源的组织力

相对而言，案例乙汇报的基本思路是正确的，而且关于投入和产出的数据分析显得相当专业，他的对策对领导来说会有更大的说服力。不仅如此，敢于向上级立下"军令状"，这就极其具有吸引力。所以，我们的工作汇报说简单其实也不简单，因为这是一个要落实的问题，是一个需要综合思考的问题。在汇报的过程中，靠单一的知识是远远不够的，还需要随机应变的能力、谈判的能力、逻辑的能力，甚至财务推演的能力，这些能力综合起来才是系统的领导力。

◆ 自我测评

研究发现，提升效率最有效的方法之一是流程管理。衡量领导者是否善用流程，有以下三个要点：

1.建立有效的制度体系，不缺失、不错乱；
2.有简约高效的工作流程；
3.有意外发生时的应急预案。

在表4-2中，从1到10进行评分，你会得多少分？

表4-2 善用流程的三个关键点

	建立有效的制度体系，不缺失、不错乱									
善用流程	1	2	3	4	5	6	7	8	9	10
	有简约高效的工作流程									
	1	2	3	4	5	6	7	8	9	10
	有意外发生时的应急预案									
	1	2	3	4	5	6	7	8	9	10

| 第三节 |
正视矛盾：解决组织冲突

有人群的地方，就有冲突。在一个组织中，冲突也不可避免。面对难以调和的矛盾冲突，执行上级不合理的指示，会遭到下属的抵制；违抗上级的命令，非但解决不了问题，还可能遇到更大的麻烦。作为领导者，你是无所作为，默默地忍受"夹板气"，还是果断行动，高明处理这种棘手的问题呢？

一、冲突的来源

20世纪40年代之前，人们普遍认为冲突是组织功能失调的结果，所有的冲突都是有害的。在20世纪40年代至70年代中期，人们对冲突的认识演变为：冲突是与生俱来的，不可彻底消除，组织应当接纳。从冲突的观念演变来看，人们在不断地正视组织的矛盾冲突，也在努力寻求解决组织冲突的方法。冲突不可彻底消除，那么如何才能更好地解决冲突？

什么是冲突？冲突是一种不和谐状态，是当事人由于立场、情感或权益的差异所产生的不和谐状态。由于你享有你的权益，我享有我的权益，一旦有一方的权益受到侵害，冲突就会发生；你的立场是 A，我的立场是 B，立场不同，看待同一问题就会得出不同观点，自然产生冲突；此外，也不乏性格、情感方面的冲突。

也就是说，冲突的来源是：立场、情感、权益。

二、冲突的等级

冲突有八个等级，如图 4-10 所示。

恶性	8级	消灭对方
	7级	暴力侵害
	6级	人身攻击
	5级	利害威胁
良性	4级	相互争辩
	3级	表达质疑或怀疑
	2级	语言或行为暗示
	1级	当事人权益、情感与立场不同

图 4-10　冲突的八个等级

1. 第 1 级：当事人权益、情感与立场不同

当事人权益、情感与立场不同，这是一种潜在的对立，可能会产生冲突，但还没有表现出来。所以，这个时候只是隐含了冲突。

2. 第 2 级：语言或行为暗示

从心理学的角度说，暗示其实是一种动机的直接移植。常见的暗示有语言暗示和行为暗示。语言暗示，如"你说话太啰唆了"，其

实是话中有话，传递的信息就是"你少说一点"。行为暗示，例如做一个动作，双臂往胸前交叉一抱，轻蔑一笑，表现出来的就是挑衅。通常，有暗示意味的一句话或一个动作就能使矛盾升级。

3. 第3级：表达质疑或怀疑

交流障碍往往是引起冲突的一个很直接的原因。很多人发表意见，习惯性的语言是"你错了""你的想法不对""我觉得不是这样"等。其实表达质疑完全可以用委婉的说法来表示，例如，"我觉得可以从另一个角度去理解"。语言风格换一换，冲突就会得到缓解。

4. 第4级：相互争辩

人们常常提倡各抒己见，但是双方意见不一致的时候，往往容易引发争论。很多时候，小小的争论会酿成激烈的争吵，相互争辩的结果就是将冲突升级。如何化解矛盾，缓和冲突？要时刻记住：讨论，不争论。

5. 第5级：利害威胁

据理力争，彼此僵持不下，冲突就会上升一个等级，那就是利害威胁。"我警告你，你给我小心点！""你要再这样，别怪我不客气了！"事实上，口头威胁已经成为一种恐吓。

6. 第6级：人身攻击

利害威胁继续恶化就会造成人身攻击。"不客气又怎样？你还打我不成？""打你就打你！"充满挑衅的语言，火药味十足，导致冲突再次升级。

7. 第 7 级：暴力侵害

从言语上的攻击到肢体上的接触，正面交锋，然后大打出手，冲突已经升级到了暴力侵害的层面。

8. 第 8 级：消灭对方

冲突再上升一个级别，就是拳脚相加，拔刀相向，拼个你死我活。其实，很多矛盾冲突一开始只是一点小小的摩擦，双方没有加以控制，让小摩擦不断激化，矛盾不断升级，最终酿成惨剧。

三、解决冲突的六项策略

在冲突发生之后，参与者考虑的无非两个方面：我方利益和对方利益。其中，我方利益的强弱程度，表示为纵坐标，对方利益的强弱程度，表示为横坐标，这就构成一个冲突行为的二维空间。在这个二维空间中，我们根据双方利益的判断，会有六个不同的冲突处理策略，如图 4-11 所示。

1. 搁置与回避策略

如果是我方弱对方也弱的时候，通常最好的解决办法是搁置和回避。这个时候，冲突双方的相互依存性比较低，冲突影响的范围也不大，那么，可以暂时搁置，不搞无谓的争论。适当采取搁置与回避策略，可以让局面不至于失控，避免冲突进一步激化。

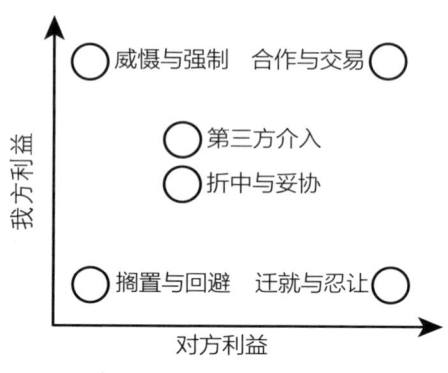

图 4-11　解决冲突的六项策略

2. 威慑与强制策略

在我方强势占主导地位、对方弱势处于被支配地位的时候，往往采用威慑与强制策略，结果通常就会出现我赢你输的局面。

3. 迁就与忍让策略

如果是对方强势、我方弱势的时候，更多的是迁就和忍让。一个典型的例子就是列宁与德国签订的《布列斯特 – 立托夫斯克和约》。1917 年，俄国十月革命胜利之后，为了退出"一战"，新成立不久的苏俄政府与德国进行和平谈判。当时，德国提出要把波兰、立陶宛等地割让给德国，并且赔款 30 亿卢布，否则就要进攻，这引起了布尔什维克党内的严重分歧。列宁力排众议，选择退让，跟德国签订和约，为苏维埃政权赢得了休整的时间及反攻的机会。

4. 合作与交易策略

合作与交易策略通常是在什么样的情况下采取的呢？双方都比

较强势的时候，那么，就会达成新的平衡，产生合作与交易。

5. 第三方介入策略

当冲突激烈而且持续时间较长且双方无解时，通过引进第三方，促进双方建立合作关系，往往能够化解冲突。当然，前提是第三方必须有力有势并且客观公正。

6. 折中与妥协策略

当我方与对方的力量均处于中间状态的时候，适宜采取折中与妥协的策略。妥协意味着双方互有得失。在这个利益多元的社会中，冲突双方通过相互让步来解决争端，形成彼此共存的状态，这是一种态度，也是一种方法。其实，折中是一种被广泛使用和普遍接受的解决冲突的方法。

当你领导的团队遭受不公平对待时，你最好不要站在下属的对立面，应该本能地站到团队之内，这样更有利于说服和改变。

四、复合式的策略

研究发现，在实际生活中真正解决问题的时候，单一的策略往往不如复合的策略。丹尼尔·戈尔曼的《社交商》一书中有这样一段描写：

三个12岁的男孩正在去足球场的路上，他们要去上体育课。其中两个男孩一看就是运动健将，他们走在后面，嘲笑前面那个身材略微有点胖的男孩。

其中一个男孩语气中透着轻蔑:"你要尝试踢足球了?"

受到这样的侮辱,这个年纪的男孩是很容易打起来的。

那个有点胖的男孩闭上眼睛,做了个深呼吸,好像要准备战斗一样。

出人意料的是,他只是转过身去,平静而又实事求是地说:"是的,尽管我足球踢得并不好,我还是要试试。"

停顿了一下,他补充道:"但是我的美术棒极了,不管看到什么,我都能把它画得惟妙惟肖。"

然后,他指着挑衅的那个男孩,对他说:"至于你,你的球技很棒,真的很高超!我也希望有一天能像你一样,但就是做不到。我想,通过不断练习我总能提高一点点的。"

听到这话,那个挑衅的男孩轻蔑的态度彻底消失了,他友好地说道:"其实你的球技也没有那么差劲,如果你愿意,我倒可以教你几招。"

小男孩成功地化解了一场矛盾冲突,把即将爆发的"争斗"关系变成良好的合作关系。小男孩在处理矛盾冲突的手段上,至少是两个策略的复合:搁置与回避策略、合作与交易策略。

| 第四节 |
情感融通：融洽人际关系

有温度，情感才能融通

一位母亲凝视着她那因白血病即将离世的儿子，内心充满了悲伤。曾经，她希望儿子能长大成人，实现所有的梦想。如今这一切都不可能了，因为医生说这孩子时间不多了。即使如此，她仍希望儿子的梦想能够实现。

于是，母亲握着儿子的手问道："巴比，你曾想过长大后要做什么吗？你有过什么梦想吗？"

巴比说："妈咪，我一直希望长大后能成为消防员。"

母亲强忍悲伤，来到了亚利桑那州凤凰城当地的消防队，找到了消防队队员鲍伯，向他说明儿子临终的心愿，并恳请他能让儿子坐上消防车在街上转几圈。

鲍伯说："不只这些，我们还可以做得更好。星期三早上7点把你儿子带到这里来,我们会让他当一整天的荣誉消防员,和我们一起吃饭、一起出勤。如果你把他的穿衣尺码给我,我还可以帮他定做一套真正的消防制服,附加一顶真的防火帽,上面还有凤凰城消防队的徽章。"

三天后,鲍伯带着巴比,帮他穿上消防制服,护送他从医院的病床到消防车上。当天凤凰城有三起火警,巴比都跟着到了现场,甚至上了消防队队长的座车,他仿佛置身于天堂。

由于美梦成真,巴比比医生预计的多活了三个月。

这天晚上,巴比生命垂危,护士长想起他曾担任过消防员,就打电话给消防队队长,问他是否能派一位消防员到医院来,在巴比临终前陪伴他。队长回答道:"我们可以做得更好,当你听见警笛响、看到警灯闪时,请你打开他房间的窗户。"

5分钟后,一辆消防车到达医院,把云梯靠到三楼窗前,有14位男消防员、2位女消防员爬上云梯进入巴比的房间。经过他母亲的同意,他们拥抱他、握他的手,告诉他消防员们多爱他。

巴比咽下最后一口气前,看着消防队长说:"队长,我现在是真正的消防员了吗?"

"当然是!队员巴比。"队长说。

带着最后的幸福,巴比微笑着闭上了眼睛。

在领导工作中,如果你面对的是员工巴比,他的梦想是成为一名顶级员工,你可以做些什么?

一、领导者需要高情商

领导者关键的职责是做人的工作。与人打交道的关键在于懂人。所以,领导者不仅需要智商,更需要情商。

智商,通常与个人的专业水准有关;而情商,则与领导水准密切相关。很多企业领导者能取得非凡成就,未必是因为他的智商很高。情商之父丹尼尔·格尔曼发现,组织中的管理者80%的成功和情商有关。如果用一个公式来表示,就是:100%的成功=20%的智商+80%的情商。

怎样判断一名领导者有没有高情商呢?有四个标准。

1. 反观自我,超越物外

研究发现,高情商的人会经常反观自己,他的觉察能力绝对一流。通常高情商的人会怎样来观察自己呢?有这样四个角度:

(1)自我的角度

每个人都喜欢站在自我的角度去评价世界,用自己的观点去解释某件事。但是,从自我的角度去观察,容易看到别人,也容易忽略自己。

(2)对方的角度

人只有站在对方的角度看问题,才能真正地理解别人。所谓"将心比心"就是"我能考虑到你的感受,但希望你也要考虑到我的感受"。如果你是一名领导者,你一定要站在下属的角度看问题。

(3)他人的角度(第三方的角度)

不是从自己的角度,也不是从对方的角度,而是以一个局外人的眼光来看问题，这就叫作"第三方的角度"。当你能够以第三方的角度来看自己的时候，你就是一个客观的观察者。

（4）"神"的角度

当你已经超越外物，不是从你我他的角度，而是从一个更高的角度看自己的时候，你已经从凡人走向了高人。

2. 以职业化驾驭情绪化

初级的领导者都是本色演员，不会控制或隐藏自己的情绪。优秀的领导者不仅能够本色出演，更为可贵的是能驾驭任何角色，能够以职业化驾驭情绪化。

3. 以理解力提升意志力

当我们把自己痛苦不痛苦放在第二位，把他人幸福不幸福放在第一位的时候，往往就能取得成功。问题是，很多时候，我们让他人幸福，自己通常会不幸福。比如有人无缘无故地挑衅你，你在手心写了个"忍"字，最后拳头攥得发紧，全身气得发抖，这个时候你是幸福的吗？

遇到一件让人生气的事，你忍了下来，看似做得很好，其实还不够。为什么？当你忍耐的时候，往往会有两种情况出现：一种是"内伤"——你的血压会升高，心跳会加快，另外一种是爆发——积累、积累、再积累，越忍火越大，最后忍无可忍，爆发了。所以忍不是最佳方法。其实，比忍更高的是另外一字，叫作"释"。释然，看开了，无须忍，这才是一种好的状态。

生活中、工作中有很多不如意，如何做到释然？答案就是以理解力提升意志力。站在对方的角度，尝试理解他的想法、做法，这样就不会让他的所作所为影响自己的情绪了。

4. 以平衡性超越进攻性

对于一份工作，你是做到了还是做好了？其实，做到与做好是两种截然不同的能力。做到体现的是一个人的进攻能力，做好展现的是一个人的平衡能力。很多时候，我们需要平衡各个方面的关系，包括工作业绩的平衡、事业和家庭的平衡、身心的平衡等。只有进攻性，没有平衡性，你离成为优秀的领导者还有一段距离。

尤其是面对功劳时，一定要用谦逊来平衡。嚣张的时候，功劳就会遭到贬低；谦逊的时候，功劳就会被放大。一个人最谦卑时，才是最接近成功的时候。所以，领导者要把握好功劳和谦逊之间的平衡。

自我测评

人是组织中最重要的因素。为了提高组织绩效，实现组织目标，领导者必须处理好人的问题，融洽人际关系。在情感融通上，领导者的做法具体体现在三个重要方面：

1. 总能取得上级的支持和同级的协作；
2. 内部协作与沟通顺畅，让冲突处于可管理水平；
3. 对下属有主动的情感沟通，下属均乐于响应。

在表 4-3 中，从 1 到 10 进行评分，你会得多少分？

表4-3 情感融通的三个关键点

情感融通	总能取得上级的支持和同级的协作									
	1	2	3	4	5	6	7	8	9	10
	内部协作与沟通顺畅,让冲突处于可管理水平									
	1	2	3	4	5	6	7	8	9	10
	对下属有主动的情感沟通,下属均乐于响应									
	1	2	3	4	5	6	7	8	9	10

第五章
带队育人的教导力

第五章 带队育人的教导力

| 第一节 |
由产品到人品：打造人才生产线

江淮汽车崛起之谜

江淮汽车集团股份有限公司（以下简称"江淮汽车"），曾经是一家曾经濒临倒闭的地方企业。然而自20世纪90年代以来，这家净资产为负、年产销汽车不足千辆的小企业，不断发展壮大，成为一家集商用车、乘用车及动力总成研发、制造、销售和服务于一体的综合型汽车厂商。2001年，江淮汽车在上海证券交易所上市；2010年，销售各类汽车及底盘46万辆，销售收入360亿元。江淮汽车迅速崛起到底有什么秘诀？

江淮汽车有两条生产线：汽车产品生产线和员工教育生产线。企业把提高员工素质放到与生产产品同等重要的位置。只有建设好员工教育生产线，才能使产品生产线更好、更高速地发展。于是，江淮汽车提出了"大人才观"的理念，即每个岗位的员工都是可塑的。为此，江淮汽车为员工教育生产线构建了多层次的培训体系，并且针对不同岗位的员工创建不同的成长路径：一条是技术人员成长路径，一条是管理人员成长路径，还有一条是生产人员成长路径。

从20世纪90年代初起，江淮汽车与合肥工业大学联合成立汽车技术研究院和硕士研究生工作站，并建立起自己的博士后工作站，制定全员参与的"40+4"培训制度，规定每个员工每周除了要工作40小时，还要利用业余时间或节假日集中听课4小时，培训内容和方式则根据员工需求设置，力图让学员做到干什么学什么、学什么精什么。并且已经建立了一级培训和二级培训的层级培训网络，形成了包括公司领导和中层干部在内的150多名兼职培训师队伍。通过"40+4"的平台传播公司文化，传授新知识，孕育新观念，培育教练式的管理干部，营造了"人人都是培训师"的氛围。

江淮汽车前董事长左延安说："江淮汽车企业不仅要出产品，更要出人才，出人品。没有良好的人品，没有优秀的人才，就制造不出优良的产品；人才和人品要靠企业去培养。从这个意义上说，企业不仅是一座工厂，更是一所学校。"

大部分企业对产品质量都非常重视，却往往忽略了一个重要问题——产品取决于人品。一家企业，人品出了问题，产品必然出问题。如果不研究人品，只研究产品，其产品质量是难以持续良好的。所以，解决产品问题，必须从人品开始。在建立产品生产线的同时，建立一条人品生产线，做好以人才质量为核心的管理。

一、如何打造人才生产线

企业应该有两条生产线，一条生产线生产客户所需要的产品，另一条生产线是打造人才。那么，人才的质量是否如产品的质量，可以层层把关控制？如果可以，我们又该如何去做？其实，如果把人才的生产和产品的生产做一个比较，就会发现两者有非常多的类似之处。

1. 计划下达

产品的生产要有产品计划的下达，人才的生产也要有人才计划的下达。这一年企业要开拓哪些新的区域，要拓展哪些新的业务，如果人才储备不足，那么，从年初开始就要有计划：什么阶段需要什么人才？计划引进多少人才，提升多少人才？这就是一个计划下达的过程。通常情况下，人才计划属于企业战略决策层面。新经济时代，人才问题必须提到战略层面，以配合企业的发展。

2. 原材料采购

原材料有优劣之分，人才也是一样。招人其实招的是人才的预备者。每个企业都渴望招聘到最优质的人才，然而，谁会是最优质的人才呢？在社会上，为企业量身定做、不经过加工就能够使用的人才，少之又少，绝大多数都需要进行后期加工，而且，能否加工到位，还得看人员自身的素质。所以，在招聘的时候，需要把目光投放在优质应聘者身上。

3. 粗加工

生产中对原材料进行简单加工或初级加工的过程，我们称为"粗加工"。在人才生产过程中，粗加工指的是入职培训，通常由人力资源部门进行。

4. 精加工

精加工由使用部门来操作。部门在使用过程中会对人员进行再加工。粗加工后放到各个部门，这中间有一个交接点，即各个部门一旦接收人员，就意味着承认人员是合格的。如果认为不行，应及时向人力资源部门做出反馈。

5. 检验

加工之后要进行的一项工作就是检验产品是否合格。对于人才的检验，目前的主要方式是进行考核。在企业里，考核是人力资源部门的工作，涉及人才的提拔、重用、转岗等相关事宜，人力资源部门必须参与其中。

6. 优等品选拔

人才生产的最高阶段是晋升，就好比产品生产最后进行的优等品选拔。人才晋升进入战略层面，因此选拔工作由决策机构负责。

从计划下达，到原材料选购、粗加工、精加工，再到检验、优等品选拔，形成了一条完整的生产线。这条生产线在源源不断地运作，将潜在人才变为优质人才。

世界顶级公司几乎都建立了强大的人才生产线。比如，三星人力开发院就是三星专门的人才培养机构。在领导力的强化方面，三星还创办了 CEO 学校。

再如，通用电气成立了高级管理人员培训中心，即克劳顿管理学院，生产人才成为整个公司的共识。学院的教导者 50% 来自公司高层管理人员，包括前董事长兼 CEO 杰克·韦尔奇及杰夫·伊梅尔特。其中，杰克·韦尔奇在此工作 20 年，共上了 280 堂课，足以看出其对人才的培育极为重视。克劳顿管理学院每年培养 5000 多名合格的经理人，源源不断的人才生产，保证了通用电气全球扩张计划的人才供应。

二、全员、全方位、全过程的培训才是真正有效的培训

要提升人才的质量，必须进行全员、全方位、全过程的培训。如图 5-1 所示，全员、全方位、全过程分别对应的是对象维度、内容维度、过程维度。

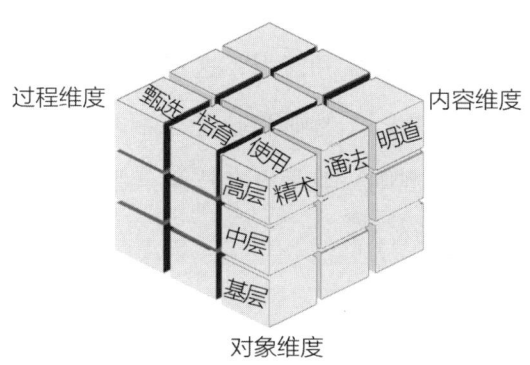

图 5-1　全员、全方位、全过程的培训

1. 对象维度

企业员工有基层、中层、高层,培训也要分层级进行。有些培训并不适合所有人,可能高层听了功力倍增,但是中层听了会有点儿发蒙,基层听了简直一头雾水。

有个老板特别热衷培训,带着员工去听一个"老板如何驾驭员工"的课程。老板和下属都学到知识,可是回来之后老板发现,员工变得很难管理。为什么呢?下属说:"老板这一招我知道了,原来是想要治我们。"于是,见招拆招。老板也郁闷:"学错了!"所以,培训最关键的是切合学习者的实际需要。不仅如此,每个层级都要培训,这才叫"全员"。如果高层培训了,基层培训了,但是中层没培训,那么推行就容易出问题。

2. 内容维度

基层精术,中层通法,高层明道。尤其是基层精术,新员工进入企业,既要改变他的理念,又要教育他遵循规则流程,还要传授他工作技能。培训的目的是什么?就是要将这些理念、规则和技能转化为新员工内在的素质和能力,这其实是员工从向外界接收到自己消化的过程。理念、规则和技能三者缺一不可,尤其是技能,如果有了理念和规则,但是没有技能,那么理念和规则就会落不了地。

3. 过程维度

打造人才的过程中最重要的三点是:甄选、培育、使用。

（1）甄选得法

甄选得法，叫作"得其人而训之"。选了具有千里马潜质的马，才能训练出千里马。

（2）培育得法

怎样训练才有章法呢？不妨看看阿贾克斯足球俱乐部的做法。

阿贾克斯人才生产线

阿贾克斯足球俱乐部（以下简称"阿贾克斯"）创立于1900年，是世界著名足球俱乐部之一。著名球星克鲁伊夫、范巴斯滕等人都出自阿贾克斯。阿贾克斯培养人才有两条原则。

第一，要么存活，要么出局。

阿贾克斯青训中心每年大约有200名球员受训，年龄从7岁到19岁。这些年轻人被置于一个竞争平台，通过竞争，变得更强或者被淘汰。在这里，不光孩子们会被淘汰，教练手捧的也不是铁饭碗。

第二，科学训练，并不过度。

比如折返跑训练，参加训练的人要反复冲刺。运动员的身上都有监测仪以测试心率。如果有人说，我累得不行了，教练会检查监测仪然后告诉他，"你才发挥了75%的实力"。同时，球员的训练并不过度：不进行长时间训练，打的比赛也少。

（3）使用得法

IBM创始人托马斯·沃森的观点是，教育的目的和实质是为了造就人才。教导的结果主要体现在使用层面上。如果领导者得到一件武器不用，藏着掖着，只能说明领导力的失败。人才使用就好比产品加工完毕投入市场，只有使用才能实现它的价值。

当然，这也是我们的终极目标：成功教导，合理使用，实现组织和员工的共赢和共同成长。

三、行业中等管理等于品质不合格

全过程、全员、全方位的培训，结果就好比一个立方体的体积，如图5-2所示。

全过程	甄选	培育	使用	10
全员	基层	中层	高层	10
全方位	精术	通法	明道	10

行业中等管理=品质不合格
满分水准：10×10×10=1000
较高水准：7×7×7=343
中等水准：4×5×6=120

图5-2 培训结果评估

所谓"失之毫厘，谬以千里"，对象维度打7分，内容维度打7分，过程维度打7分，从单个的分数来看，属于较高的水平，但是7×7×7=343，相对于满分来说，只达到1/3的水准。而中等水准的4分、5分、6分，整体乘积也只有满分的1/10。所以，行业中等管理其实等于品质不合格。举个简单的例子，一家企业所属的行业有100家企业，如果该企业处于第50名，那么它是不是中游的企业呢？显然不是，在竞争的市场里，它是属于被淘汰的那部分。因此，提升人才质量，从甄选、培育到使用，从基层、中层到高层，从精术、通法到明道，必须面面俱到，缺了哪个方面都不行。

| 第二节 |
训练有素：专业成就卓越

你属于哪种领导风格

丹尼尔·戈尔曼做了一项有意义的研究：在对 3000 多名经理人研究、调查的基础上，他发现了六种截然不同的领导风格。而每一种领导风格都是由不同的情商要素决定的，它们对企业、部门或者团队的工作氛围将产生直接影响，并最终影响其财务业绩。

六种领导风格如下：

1. 专制型领导强调立即服从；

2. 权威型领导强调愿景目标，号召员工为之奋斗；

3. 关系型领导提倡建立情感纽带，创造一种和谐的关系；

4. 民主型领导强调共同参与，通过沟通达成共识；

5. 领跑型领导强调卓越和自我指导；

6. 教练型领导强调员工培养与未来发展。

如何看待丹尼尔·戈尔曼的这项研究？其实，不同的领导风格产生不同的结果。对于一个需要高瞻远瞩的组织，权威型领导必不可少；对于一个需要群策群力的组织，民主型领导必不可少；对于一个需要基业长青、后继有人的组织，就必须有教练型领导。

所谓教练，就是知行合一，因材施教，能够复制优秀组织基因的专业人才。

CEO 最应具备的是什么样的素质？通用电气前董事长兼 CEO 杰夫·伊梅尔特认为，最重要的两点是：学习和培养人才。领导就是教导，育企就是育人。所以，领导者必须成为教练型领导。

一、完善组织的造血功能

如果把一家企业比作一个人，企业在发展的初期，机体还非常柔弱，往往需要输血。人才就是企业的血脉，所以，企业刚刚成立的时候，首要的任务就是招聘人才。无论是市场招聘还是从优秀企业吸引，由外部引进人才的形式均可以称为输血。但是，在输血的过程中，有的人会把不良习气、不良文化带进企业，可能会引起很多麻烦。所以，在招人的时候，应该更加注意前端有没有问题。相对而言，一旦提高警惕，前端就会变窄，有些备选者就会被拒之门外，因而形成人才供应不足的局面。事实上，这种局面在企业长期存在。

优秀的企业会怎么做呢？将具有潜质的员工招聘进来之后，通过得法的训练对其能力及观念进行重新塑造，在这个层面的改造就是造血的过程。很多企业培养了一线员工，又将一线员工培养为中层干部，再将中层干部培养为高管，这个过程也是不断造血的过程。

优秀的组织都会有极强大的造血功能。像通用电气、IBM、三星等国外知名企业，以及华为等优秀的国内公司，都有自己培养人才的商学院。事业要发展，人才必须跟得上。

二、团队培育的阿基米德螺线

古希腊数学家阿基米德画了一条呈螺旋形的曲线。曲线从一个固定中心点出发，围绕着该定点不断扩展，直到无穷，这条曲线就是著名的阿基米德螺线。它呈现的是一个事物从小到大螺旋式的生长、发展过程。很多时候，事情的发展都不是直线的，在发展过程中往往会有一些偏转，然后不断地偏移，形成一股强大的力量。想让这种偏移是正向的，我们在培训中，特别是教练式的培训中，就应注重因材施教、知行合一、循序渐进的教导方式。如图5-3所示，人才发展一定要遵循这样一条螺旋线。

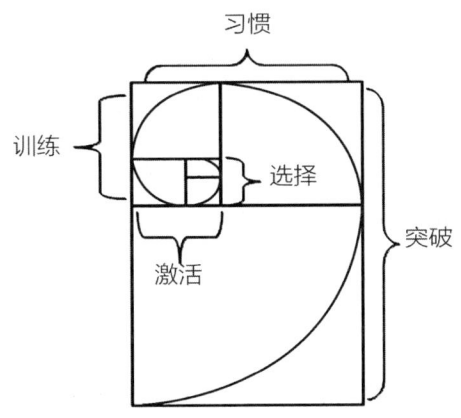

图 5-3　人才发展的螺旋线

1. 选择——选择比努力更重要

为什么原点是选择？

选择是一个大前提。选错人是教练的悲哀，选对人才会有后续的得当训练。

在企业管理中，如果要训练销售人员，要找到具有强烈挑战意识的人；如果要训练服务人员，找性格柔和、擅于合作的人会比较合适。

选择比努力更重要，选择得当的人做得当的事。

怎么选择？建立员工素质模型。按照模型画影图形进行选择，符合模型的，选择；不符合模型的，淘汰。

2. 激活——热爱比知识更重要

选择了之后，是不是立即进行训练？答案是否定的。员工进入企业之后，如果立即对他进行训练，就像打冷铁，在没有预热的情况下就抡起大锤锻打，铁不但不能被打造成型，反而会断裂。好的铁匠知道该怎么办：把铁烧红了再进行锻造。

企业怎样把员工"烧红"？不妨向军队学习。士兵进入部队，上级首先跟他讲连史、团史、英雄史，战士一听热血沸腾。教导的目的，不是为了填满，而是为了激活。

不少企业，员工刚刚入职，领导者就苦口婆心地传输各种业务知识和技巧，这种教导的精神十分可贵，但是效果大多不尽如人意。教导，即在指教中引导，侧重的不是知识填充，而是能力的开启和激发。

有这样一个小故事：

有一位武士向白隐禅师问道。武士问："天堂和地狱有什么区别？"白隐反问："你乃何人？"武士答："我是一名武士。"白隐听后笑道："就凭你这粗鲁之人也配向我问道？"武士勃然大怒，随手抽出佩剑，朝白隐砍去："看我宰了你！"眼看佩剑就要落在白隐头上，白隐却不慌不忙轻声说道："此乃地狱。"武士猛然一惊，然后若有所悟，连忙丢弃佩剑，双手合十，低头跪拜："多谢师傅指点，请原谅我刚才的鲁莽。"白隐又微微说道："此乃天堂。"

白隐禅师的教导方式，让人恍然大悟、茅塞顿开。

3. 训练——示范比纠正更重要

激活预热之后，就要趁热打铁了。

训练要得法，首先是传授。传授的时候，不仅要说给他听，更重要的是做给他看。作为教练，你不应只是一名口授式的教师，而必须成为一名实操型的教练。

传授之后让他照着做，这就是一个模仿的过程。怎么模仿？坚决地、细致地、原汁原味地模仿。在这个过程中，不强调创新。

在模仿的过程中进行矫正，指出错误，再次示范，再次模仿，通过这样的训练，让每个动作规范化。

4. 习惯——自律比他律更重要

所有训练的终极目标都是为了养成习惯。通过多次的模仿、长期的矫正，最后准确率高了，员工就会按照企业所要求的行为规范行事，进而习惯成自然。形成良好习惯的员工才是一个合格的员工。当员工把规范内化为习惯，能够不假思索地完成某件事，行为非常精准，企业的管理成本就会大大降低，管理者也会相对轻松。

5. 突破——创新比完成更重要

员工养成习惯之后，领导者还要鼓励他突破自我。尤其是老员工，对他们的训练，重心其实不在习惯上，因为他们自身已经养成了很多习惯。老员工已经过了阿基米德螺线的顶点，激情减弱了，后劲也减弱了，面临从顶点往下滑的危险。但是，老员工经验丰富，对企业又相当忠诚，所以，对老员工的训练，更应注重培养突破力，重在创新：创造新业绩，学习新方法，培养新团队。

（1）创造新业绩

设立新目标，达成新业绩，这是对老员工训练的重点。对于老员工来说，习惯已经形成，以往的目标也能够顺利完成，必须有一个更高的目标要求——突破自我，达成新的业绩。这个时候，新的目标就要成为训练的重心。

（2）学习新方法

之前10天完成的工作，现在5天就要完成，怎样才能做到？按照以往的路径和传统的方法难以达成目标，有没有更简捷的一条路？这就要求老员工进行创新，找到新的路径和新的方法。

（3）培养新团队

老员工能力上不去了，方法也就到顶了，那怎么办？这个时候，老员工就要由千里马变成伯乐，发现新员工，培育新团队。

第五章　带队育人的教导力

● 自我测评 ●

所谓教练，就是知行合一、因材施教、能够复制优秀组织基因的专业人才。对于一个想要基业长青的组织来说，领导者必须成为教练型领导。通过有效的训练，至少能够达成三个目标：

1. 有系统的训练计划和科学的训练方法，并能执行到位；
2. 下属能独立高效地完成工作；
3. 下属的专业水准普遍高于行业平均水平。

在表5-1中，从1到10进行评分，你会得多少分？

表5-1　训练有素的三个关键点

训练有素	有系统的训练计划和科学的训练方法，并能执行到位
	1　2　3　4　5　6　7　8　9　10
	下属能独立高效地完成工作
	1　2　3　4　5　6　7　8　9　10
	下属的专业水准普遍高于行业平均水平
	1　2　3　4　5　6　7　8　9　10

| 第三节 |
标杆引领：团队知行合一

一、利用标杆群体，让员工影响员工

"道生一，一生二，二生三，三生万物。"道是一切之源，在标杆管理中，这个道就是标杆。领导者从发现一个人的优点开始，继而领导两个人、三个人，最后领导全体。治少如治多，用榜样的力量驱动，形成强大的群体。很多时候，企业不是缺少标杆，而是不善于发现标杆。其实，领导者本身就是最好的标杆，但光有领导做标杆还远远不够，领导做得到，员工不一定做得到，但是，如果一部分员工做到了，另一部分员工就容易做得到。利用标杆群体，让员工影响员工，这才是王道。

二、标杆管理的定义

在一群人中树立一个标准，但是可能很多人都达不到这个标

准；而一旦树立了几个标杆，人们就会照着去做。为什么？标准是用来知的，标杆是用来行的。心理学的解释是：生命具有模仿的天性，在一个群体行为中，5%是开创者，15%是中坚力量，80%是跟从者。所以，要想在人群中发起一个行为，不可能让所有人都一下子做出来，只要能利用前20%的人产生影响力，就会产生扩散，这就是群体行为规律。

群体行为规律同样适用于管理企业。优秀公司都在这样做：通过树立榜样，推动改善，达到系统优化。这种管理方式，在管理学上就称为标杆管理。

三、标杆管理四步操作法

标杆管理具体如何操作？

1. 寻找标杆

根据标杆管理的定义，要进行标杆管理，首先就是寻找标杆，树立榜样。这个标杆是什么？就是内外部优秀的组织或个人。在企业内部管理中，首先就是要找出这样的优秀样本，总结他们身上优秀的特点。

希尔顿酒店的一个高级副总裁说："无论我们有什么产品，竞争对手都能照猫画虎，床、电视或者淋浴喷头的样式型号，别人都可以模仿。但竞争对手'复制'不了的是真诚的客户服务。"为什么希尔顿酒店能够把客户服务打造成其经营的一大特色？原因就在于希尔顿酒店善于发现最佳员工。

希尔顿酒店有一套筛选系统，针对表现卓越的员工进行书面测试，试卷的设计完全是以评估他们的才能与喜好为导向的。利用这些答案，找出最好的员工进行"克隆"，绘制出他们的优良品质，打造模范员工的模型。

2. 设计标杆

假如没有标杆，或者说找不到够得上标准的标杆时，怎么办？

其实，标杆身上所有的优点在每个人身上都是潜在的，因此，可以用诱导的方法去设计标杆。

设计标杆有两个小方法，贴标签和设立一组学习指标。

（1）给他贴上标签，让他成为标杆

贴标签其实是一种心理诱导，也是一种团体形象的塑造。一个人一旦被贴上标签，别人就会对他有这方面的要求，他的行为也会自然而然地往这方面发展。当然，我们提倡的是积极正向的给别人贴标签。

（2）设立一组学习指标，让他们成为标杆

为什么是一组学习指标而不是一个学习指标呢？这不仅仅是数量上的问题，学习标杆如果只放到一个人身上，让一个人具备十个优点，其实是在树立一个完人，这是极其危险的。完人具不具备推广性？有没有可复制性？难以肯定。因此，虽然树立了一个完美的标杆，但是其他人都做不到，就没有效果。

标杆不是一个点，而是若干个点。设立一个完美的标杆很难，但设计一组学习指标就比较容易。

3. 学习标兵

模范标兵是企业的中坚力量。如何学习标兵？其实很简单，从行为到理念，从形似到神似。海尔在这方面做得非常好。张瑞敏在掌管海尔后，非常注重对员工的激励，经常通过《海尔报》宣传科技人才的先进事迹，对提出合理化的、经采用实施效果好的建议的员工授予"合理化建议标兵"称号。不仅如此，对做出小革新的员工还会予以冠名表彰，比如高云燕。

高云燕是海尔冰箱厂的一名普通女工，她所在的工序是站在钻眼机前给冰箱门体的两端钻四个孔。但是钻眼机在操作工的对面，中间隔着一米多长的工作台。所以，每次钻完孔之后要翻过工作台才能知道孔眼是否打准，既费时又费力。于是，高云燕就琢磨，怎样解决这个问题。后来，她发现在钻台前放一面镜子，通过镜子就可以清楚地看到钻孔的情况，效率提高了，效果也很好。她的发明得到了总部的认可，并被正式命名为"云燕镜子"，且永远有效。

榜样的力量是无穷的。高云燕成了海尔员工的学习标兵，引得员工纷纷仿效，海尔内部发明创新蔚然成风。此后，又出现了"启明焊枪""晓玲扳手""秀凤冲头""素萍支架"等数十项发明。

4. 普及标准

当模范标兵一经推广，就会产生"一花引来万花开"的效应。标杆普及就会成为基准，这个时候，则要树立新的典型，推选下一个标杆，掀起新一轮的标杆学习热潮。标杆决定水准，当标杆变基准时，就要树立新的标杆。

自我测评

企业有一个优秀的员工很容易，但是如何让大部分员工都变得优秀呢？这就需要掌握标杆管理，用明星带出群星。在这个过程中，有三个关键点：

1. 企业内有一批值得学习的标杆人物；
2. 有运行良好的复制标杆人物的制度；
3. 每年都涌现出超越标杆员工的新榜样。

在表5-2中，从1到10进行评分，你会得多少分？

表5-2 标杆引领的三个关键点

标杆引领	企业内有一批值得学习的标杆人物									
	1	2	3	4	5	6	7	8	9	10
	有运行良好的复制标杆人物的制度									
	1	2	3	4	5	6	7	8	9	10
	每年都涌现出超越标杆员工的新榜样									
	1	2	3	4	5	6	7	8	9	10

|第四节|
后继有人：组织持续发展

交班先交心

一位老企业家在给接班人的一封信中这样写道：

"我喜欢有能力的年轻人。多数老板喜欢有能力的人才，主要是为了一个原因——能给他赚钱；而部分老板除了这一条以外，还希望人才在情感上也与自己合拍。谁也不愿找个接班人，能把事做大，但和前任关系不好。开句玩笑，找对象，对方光漂亮但不爱我，那又有什么用？

"在纯粹的商品社会，企业的创业者们把事业做大以后，交下班去，应该得到一份从物质到精神的回报；而在我们的社会中，由于机制的不同，则不一定能保证这一点。这就使得老一辈的人把权力抓得牢牢的，宁可耽误了事情也不愿意交班。我的责任就是，一方面，平和地让老同志交班，但要保证他们的利益；另一方面，从对人的多方考核上造就一层骨干层，再从中选择经得住考验的领导核心。

"当我心中明确了将来作为领导核心的人应该具备的条件以后，我对你要做的事是——第一，加强对你的全面了解。你自己也要抓住各个机会和我交流各种想法。不仅是工作上的，还应该包括方方面面的。第二，加强和你的沟通，使你更了解我的好处和毛病，这样我们才能产生真正的感情交流。第三，互相帮助。更多的是我用你接受的方式指导你改正缺点，向预定的目标前进。下面是我想从你那里得到的信息——第一，你是不是真有这份心思，吃得了苦，受得了委屈，去攀登更高的山峰？第二，你自己反思一下，如果向这个目标前进，你到底还缺什么？"

老一代企业家是如何培养接班人的？字里行间，领导者又能获得哪些启示？

一、接班的难度不低于创业

有数据显示，在家族企业发展比较成熟的美国，家族企业的平均寿命只有 24 年，30% 的家族企业可以传到第二代，13% 的家族企业能够传到第三代。而在美国，创业的成功率是 33%。可见，传承家族企业跟白手起家创业相比并没有多少优势。

中国企业也是如此。2012 年《福布斯》发布的"中国现代家族企业调查报告"显示，在调查的 684 家上市家族企业中，仅有 7% 的企业完成了二代接班。

很多民营企业在接班上存在误区，以为子承父业就是接班，其实不然。子承父业只是一个人接一个人的班，但是，这个接班实际上应该是一个集体接一个集体的班。

找不到合格的接班人，90%以上的企业无法摆脱"富不过三代"的宿命。企业要实现可持续发展，就要有满足企业成长需要的人才。合格的接班人不是一朝一夕就能够培养出来的，更不可能临时抱佛脚，为救一时之急随便挖墙脚。企业如何成功做到后继有人？百年企业培养接班人的几个要诀值得我们借鉴。

1. 接班人计划——在离退休前10年左右开始启动接班人计划，拟定10人以上的接班人候选人名单

缺乏继任计划是家族企业难以继续生存的重要原因。为什么有些企业在处理紧急事务的时候能做到有条不紊？因为他们启动了二号计划。所以，在企业正常运转的时候，企业家不要担心二号计划不吉利。制订继任计划不仅是对自己负责，也是对企业负责，更是对社会负责。有些企业家认为，自己在任期间把企业做好就够了，离任后管它洪水滔天，这样的企业家是不负责的。

继任计划在日常管理中就应该做好，一旦意外发生，一切按程序办事。

2. 接班人锻炼——将候选人放到不同的岗位上锻炼

作为创业者，企业家最好不要让孩子一开始就在自己的企业工作。如果内部人员都知道他是将来的企业继任者，那么，就容易给他营造一个宽松的氛围。在一个虚假的环境中，他会误以为经营企业如此简单。体会不到艰难，就体恤不了员工。

最好的锻炼方法是什么呢？将接班候选人放到不同的岗位上锻炼。让他们先去行业内的其他企业进行学习。如果不进企业学习，创业也是一个很好的磨炼。实在不行，再退一步，即使让继任者进入自己的企业，也要让他从基层做起，到不同的岗位去工作，在不同的部门平移，磨炼之后才能上升。

3. 候选人考核——定期对候选人的表现和业绩进行评价考核

对后备人选的考查，应该从企业今后10年的发展着眼。这是领导人要重视的问题。杰克·韦尔奇在自传中说道："我希望选择足够年轻的候选者，在未来至少10年的时间里来做这份工作。虽然一个CEO马上就可以产生一定的影响，但我总觉得人们应该承受自己的决定，特别是自己的错误。我肯定有过类似的情况。一个在职时间比较短的领导者有可能试图做出一些疯狂的举动，好在公司中留下他自己的印记。在我当公司董事长的这段时间里，有些公司就已经换了五六个CEO。我不希望这种事情在通用电气发生。"所以，我们要保证企业长期的可持续发展，做百年名企，就需要从长远的目标来考虑后备人选。具体如何考核？有这样三个点：

① 善于总结提炼经验，及时更新方案；
② 形成鼓励创新、允许试错的组织文化；
③ 每个关键岗位都有合格的储备人才。

最适合储备人的岗位是什么？总裁助理或总经理助理。

给储备人才做妥当安排时，通常有这样三条职业通道：技术通道、领导通道、生产通道。有时候还可以因人设岗，让储备人才充分发挥能力和作用。

4. 候选人筛补——中间补充和缩减，在准备交班前三年，最终确定三名候选人

不指定接班人，在候选团队中进行筛选，这是比较妥当的做法。因为在筛选过程中可以补充和缩减。一般情况下，在准备交班前三年就要开始这个步骤，最终确定三名候选人。

5. 候选人冲刺——以竞赛方式对三名候选人进行近距离考查培育

在赛跑时，选手在临近终点时都会有一个冲刺，在接班人的选拔过程中也是如此。临近交接班的时候，最好的方法就是以竞赛方式对候选人进行近距离考查培育，让他们用全力向前冲，最终选出最佳接班人。

6. 选出接班人——新领导人公布后，调离对手，扶上马，送一程（约半年）

企业家在交班的时候，最好做好妥善的安排，调离对手，消除其对未来领导者的威胁。同时，给新领导者配上"四梁八柱"，形成一个班子来接班。方太厨具有限公司前董事长茅理翔的做法值得企业家们学习。茅理翔在"带三年、帮三年、看三年"的九年计划中，逐步把儿子茅忠群推向第一线。在此过程中，茅理翔帮儿子物色了一些能力强、素质高的家族外年轻人，促成茅忠群组建全新的职业经理人队伍。在方太创立10周年的时候，茅理翔退休，把企业交由茅忠群管理。

二、通用对选拔接班人的重视

从1994年开始，杰克·韦尔奇就开始着手考虑接班人问题。整个选拔过程历时六载，通过严格的程序筛选，从最初的二十四名候选人逐渐减少到八个人，然后是三个人。通用电气的董事会、管理发展和薪酬委员会及杰克·韦尔奇，对三名候选人从教育背景、工作成绩、综合素质等各方面进行了长期、复杂的考评，并将三位候选人分别安排到工业品、高科技产品部门实习，以便观察他们的实际领导能力。在做最后决定之前的六个月，杰克·韦尔奇还要求三名候选人用六个月的时间培养出各自的继任人。最后，董事会在三人中挑出最适合的人，即伊梅尔特。杰克·韦尔奇认为，"CEO的任务就是一只手抓种子，另一只手拿着水和化肥，让你的公司发展，让你身边的人不断地发展和创新，而不是控制你身边的人"。

不管企业家创建的企业规模有多大，如果解决不好交接换代的问题，一切都会在瞬间消失。所以，领导者在选择接班人的过程中，一定要对候选人的综合素质进行长期全方位的考核和评定，不用则已，要用就用最强的。

自我测评

企业持续发展、后继有人，有三个关键考核点。这三个考核点不仅是对接班候选人的考核，也是对企业领导者的考核。

1. 善于总结提炼经验，及时更新方案；
2. 形成鼓励创新、允许试错的组织文化；
3. 每个关键岗位都有合格的储备人才。

在表 5-3 中，从 1 到 10 进行评分，你会得多少分？

表 5-3 后继有人的三个关键点

后继有人	善于总结提炼经验，及时更新方案									
	1	2	3	4	5	6	7	8	9	10
	形成鼓励创新、允许试错的组织文化									
	1	2	3	4	5	6	7	8	9	10
	每个关键岗位都有合格的储备人才									
	1	2	3	4	5	6	7	8	9	10

第六章
不令而行的影响力

第六章 不令而行的影响力

| 第一节 |
影响力的概念和层级

"王者"的魅力

2014年6月,北京大学汇丰商学院举办了一场新经济领袖大讲堂,原定1000人规模的会场,开始前一小时,听众就突破了会场的"底线"。不仅过道站满了人,前排也有很多听众席地而坐。于是,校方紧急加开11个大教室,近5000名企业家和师生共同聆听了这场精彩的演讲。

从诺曼底讲到乞力马扎罗山,从哈佛讲到剑桥,从远征军赵振英讲到种橙子的褚时健,以及胡庆余堂的"戒欺"牌匾和日本"近江商人"注重诚信的经营理念,等等。一个半小时的时间,演讲者通过一张张真实的照片、一个个生动的故事,与听众分享了他的经历和感悟。

会后,多家媒体争相报道,共同的一个词是"人气爆棚"。

魅力如此之大，人气如此之大，演讲者是谁？全球最具影响力五十大商业思想家、万科集团创始人——王石。

彼得·德鲁克指出，"领导者的唯一定义是其后面有追随者"，"没有追随者，就不会有领导者"。

怎样才会有追随者？

答案是：领导者要有影响力！

那么，什么是影响力？

一、影响力的概念

所谓影响力，即指在社会交往中，通过非权力的方式改变他人心智模式与行为方式的能力。领导者的影响力，就是他在领导活动中，改变和影响被领导者心理与行为的能力。通过这种能力，最终使被领导群体达到思想意识与行为准则的相对一致，形成统一的群体目标与行动。

领导者的影响力包括：权力性的强制力、非权力性的影响力。

权力性的强制力又称为强制影响力，属于显性力量。被影响者心理与行为表现的特征是被动和服从，其行为通常受他人职位、权力、地位影响。强制影响力对人的影响带有强迫性、不可抗拒性，它是通过外推力发挥作用的。

非权力性的影响力也称非强制性影响力，属于隐性力量。被影响者心理上信服、尊敬并追随领导者，其行为主要受企业文化与领导者个人的人格魅力影响。构成非权力性影响力的因素主要有文化氛围、品格因素、才能因素、知识因素、情感因素等。

强制影响力和非强制影响力是改变他人的两种力量。领导者在与他人交往的过程中，由于自身各方面因素不同，体现出来的影响力也会有所不同。

二、影响力的来源

强制影响力通常来源于暴力、权力、法律、规范、资历和利害关系等因素，而非强制影响力由领导者个人的信仰、品格、能力、情感、资讯、文化、形象等因素构成，它是一种内在的吸引力（见表6-1）。

表6-1 影响力的来源

强制影响力	非强制影响力
暴力	信仰
权力	品格
法律	能力
规范	情感
资历	资讯
利害关系	文化
	形象

领导者在提升自身人格魅力的时候，可以从以下七个方面去修炼。

1. 信仰

信仰不是虚无缥缈的，它体现在人的言行举止中。有什么样的信仰，就会有相对应的行为表现。对于领导者来说，拥有正确的信仰是至关重要的，坚定的信仰是领导魅力的核心素质。信仰如果缺失，魅力随之丧失。

2. 品格

古语云："服人者，德服为上，才服为中，力服为下。"所谓德高望重，品德高的人，声望不会低。品格高尚的领导者就好比磁石一般吸引下属、同事、合作者，甚至对手也为之折服。

3. 能力

相对于能力低的领导者来说，能力高的领导者所产生的影响力更大。遇到问题的时候，别人毫无头绪，领导者凭借自己的能力就把问题解决了，别人顿时为之叹服。在一些技术导向的部门，领导者的能力尤为重要。

4. 情感

领导者应多些情感魅力。情感魅力是一种让人舒服的力量，能够让他人心甘情愿为你做事。"老干妈"的创始人陶华碧，在对待员工的时候，所表现出来的都是真情实感。在员工的心目中，陶华碧如同妈妈一般，可亲、可爱、可敬，在公司里，员工都亲切地称她为"老干妈"。因为这种情感，陶华碧和企业的凝聚力一直只增不减。

5. 资讯

身为领导者,你必须先于下属掌握资讯。如果下属先获得了消息,你却毫不知情,这个时候你是非常被动的。

6. 文化

文化同样是一种凝聚人心的影响力。领导者要有风范,要有文化,要有气质。

7. 形象

形象为什么是一种影响力?举个例子,在一个正式场合,一个穿着背心、短裤、人字拖鞋的领导,跟一个身着正装的领导,给你的印象有什么不同?就前者而言,领导者的形象是大打折扣的。

对于领导者来说,形象的影响力是不可小视的,在提升个人魅力的时候要特别注意。

那么,这七个因素是分别发生作用,还是综合发生作用呢?其实,一个人的魅力更多是多方面的综合体现,七个要素应综合发生作用。

三、影响力的层级

影响力可分为三个层级:
① 0级:静观。
② 正级:包括接受(1级)、拥护(2级)、忠诚(3级)。

③负级：包括抵触（-1级）、反对（-2级）、仇视（-3级）。

当一个新人进入企业的时候，往往表现出来的是0级，没有什么影响力，其他人都静然旁观，叫作静观。

假如他不小心闹了笑话，有些人就会对他产生抵触（-1级）；如果他表现得不错，人们认为可以接受他（1级）。

在竞选工作组组长的时候，如果他的综合能力得到认可，老员工能拥护他，他的影响力就是正向的（2级）；如果多数人反对他，那他的影响力就是负向的（-2级）。

群体对他的忠诚不仅是普通的拥护，而是到了死党和"粉丝"的程度，这就构成了正向的影响力发展（3级）；如果往相反的方向发展，就到了仇视的地步（-3级）。

弄清了影响力的层级，领导者在发挥个人影响力的时候，就要朝着正向去发展。领导者正向的影响力越强，吸引的被领导者就越多。

第二节
八种品质：建立信誉账户

冉·阿让的改变

冉·阿让原本是一个勤劳、正直、善良的人，但为了不让家人挨饿，他偷了一个面包，结果锒铛入狱。出狱后，他到处找不到工作，饱受世俗的冷落。从此，他彻底成了一个贼。

在一个风雪交加的夜晚，他饥寒交迫，被神父收留。神父把他带回住处，给吃给住，但他在神父睡着后，把房里的银器席卷一空。不想，在逃跑途中，被警察逮了个正着。当警察押着他回去，让神父认定失窃物品时，冉·阿让绝望地想："这辈子只能在监狱里度过了！"

谁知神父温和地对警察说："这些银器是我送给他的。他走得太急，还有一件更名贵的银烛台忘了拿，我这就去取来。"

警察走后，冉·阿让百思不解。

神父说:"我坚持说是我送给了你银器,是为了赎回你丢失了的灵魂。"

从此,冉·阿让决心洗心革面,重新做人。

选择了原谅,就可能感召人们循着一条神奇的轨迹转变。在这个故事里,你学到了什么?

一、追随者最看重的因素

一名领导者,缺乏影响力也就缺乏了凝聚力。那么,领导者在哪些方面对下属的吸引力最大?大量的案例研究表明,追随者最看重的领导者的品质有这样几个方面:

① 利他精神——98%;

② 勇担责任——92%;

③ 远见卓识——84%;

④ 赏罚到位——77%;

⑤ 真诚务实——62%;

⑥ 关爱欣赏——51%;

⑦ 善于沟通——46%;

⑧ 坚强果断——38%。

领导者具备的这八种品质是追随者最为认同的。所以,要成为一名有魅力的领导者,不妨朝这八个方向发展。

1. 利他精神

利小众能集结小部分人，利大众则可以团结大多数人，领导者最大的能量在于公正利他。在大量的研究中，98%的追随者都反馈，领导者能对他好，能考虑他的利益，这样的领导才值得去爱戴。普惠天下的人同时能够影响其他人，从而吸引成批的追随者，而自私自利之人身边则毫无人气。反过来说，我们追随的，一定是对我们有利的人。

事实上，利他精神完全符合商业的本质，因为商业的第一要义是为他人提供价值。稻盛和夫指出"利他本来就是经商的原点"，他表示，求利之心是人开展事业和各种活动的原动力。但不可停留在单纯利己的范围之内，也要考虑别人，要把单纯的私欲提升到追求公益的"大欲"的层次上。这种利他的精神最终仍会惠及自己，扩大自己的利益。亚当·斯密也提出，经济人要受道德的约束，人既要利己，也要利他。

2. 勇担责任

领导就意味着承担责任。研究发现，92%的追随者心目中的好领导是勇于承担责任的人。勇担责任的领导，不会在遇到问题的时候把下属推出去，而是会说，这是我的问题；当下属出问题时，他们会主动把责任揽在身上。

3. 远见卓识

远见卓识是一名领导者必须具备的素质。所谓远见，即目光远大，有预见性；所谓卓识，即见解非凡，要有深度。远见卓识的领导者，能够预见未来，把握方向；浑浑噩噩的领导者，则好比大海中没有航向的船。

4. 赏罚到位

赏不清、罚不明，就会令不行、禁不止，所以必须赏罚严明。但是有时候，该赏的赏了，该罚的也罚了，为什么无效？其实，赏罚严明的关键还要看有没有到位。怎样才能赏罚到位？遵循公平原则。人都喜欢讲究平衡，不患寡而患不均，不担心少，就担心不公平。所以，赏不可不平，罚不可不均。赏不当功，则不如无赏；罚不当罪，则不如无罚。同时，针对不同的情况，奖罚的强度应当有所不同，不能厚此薄彼。

5. 真诚务实

拥有真诚务实品质的领导者，比较容易得到员工的爱戴；真诚不够、务实不足的领导者，则难以在下属面前树立威信。企业界并不缺少企业家，缺少的是脚踏实地的实干家。

6. 关爱欣赏

你关爱的人会关爱你，你欣赏的人也会欣赏你。关爱、欣赏下属，给下属人性化的关怀，下属就会跟随你，为你效力。

7. 善于沟通

领导者要善于和人打交道，与员工沟通时要用员工听得懂的语言，这样才不至于产生隔阂。和员工沟通不善，员工会很郁闷，领导者的魅力也会随之降低。

8. 坚强果断

卓越的领导在遇事的时候要坚强果断。坚强果断，即遇事不慌张，特别是遇到困难、该拍板的时候，卓越的领导者处变不惊、泰然自若，领导的风度自然就体现出来了。

二、领导者的品质测评

对于领导者的品质测评，有三个考核点：
① 处事公平公正，为人光明磊落；
② 利益取舍时"先人后己，先公后私"；
③ 能帮助追随者取得令他们满意的成功。

职场也是一个竞技场，成功者无非是两大类：一类是选手型，凭自己的天赋与努力成为冠军；一类是教练型，自己未必有超人的天赋与努力，但善于借力与助力，因成就他人而成功。前一类是精英，后一类就是领导。新经济时代，企业领导者的领导力重在借力、助力与激活内力。

自我测评

对于领导者的品质测评，有三个考核点：
1. 处事公平公正，为人光明磊落；

2.利益取舍时"先人后己，先公后私"；

3.能帮助追随者取得令他们满意的成功。

在表6-2中，从1到10进行评分，你会得多少分？

表6-2 品质测评的三个关键点

品质测评	处事公平公正，为人光明磊落									
	1	2	3	4	5	6	7	8	9	10
	利益取舍时"先人后己，先公后私"									
	1	2	3	4	5	6	7	8	9	10
	能帮助追随者取得令他们满意的成功									
	1	2	3	4	5	6	7	8	9	10

| 第三节 |
四种磁力：强化团队引力

施恩为什么会被仇视

河南省新郑市的著名企业家魏连成，对生活贫困的妻姐一家呵护有加。让人没有想到的是，2006年6月30日，其外甥王会明手持尖刀闯入魏连成的家，残忍地对姨父背部、胸部连刺数刀，致使姨父失血性休克，当场死亡！

为什么会发生这样的悲剧？

原来，魏连成在对王家好心相助的同时，总是恶语相向。他借钱给王会明家开店，却要王会明的父亲道歉，说一个大男人挣不来钱，要老婆四处借钱，而且足足训了半个小时，才打电话让人准备钱；王会明做生意亏本后，魏连成帮他还了20万元欠款，却狠狠地打了他一耳光；魏连成帮助王会明进自己的公司工作，却粗暴干涉他的自由，甚至连他谈恋爱都要管……

这一切，让王会明觉得饱受屈辱。王会明认为父亲就是被姨父气死的，他觉得活在姨父的阴影下，自己的尊严被践踏，于是，在激愤之下，王会明最终挥刀杀了自己的恩人……

只给予物质的满足，却没有兼顾灵魂的快乐，这是企业管理中常见的现象。领导者解决了人才的物欲，却不给予其快乐，人才仍然会流失。优厚待遇固然重要，毕竟金钱能给人才带来物质满足，但它并非优秀人才的最终目标。那么，如何加强团队的吸引力？除了物质的力量，领导者还有什么样的力量？

一、利益的磁力：诱之以利

企业要想高速成长，短时间内特别见效的一个手段就是用利益吸引人才。

上海一家健康教育企业，发展非常迅速，第一年收入250万元，第二年收入2500万元，第三年收入7500万元，第四年收入3.5亿元，可谓相当成功。老板在做健康教育之后，发现直接卖保健食品更容易赚钱。于是，他开发了一系列保健食品，市场反馈非常好。然而，模仿者跟着起来了。要保持市场优势，就必须加强研发。在进一步提升研发能力的时候，问题出现了，人才供给跟不上。

怎么吸引人才？最简单的办法就是用金钱吸引人才。老板看中了一个高级餐厅的行政总厨，当时这个行政总厨的年薪是50多万元，老板直接开价60万元，奖金另算，年底还有分红。但是，那个行政总厨比较有责任心。他说："我虽然喜欢你的行业，但是我得对原来的企业负责,企业这么多年用心栽培我,我得把徒弟带好,把工作交代下去才能过来。"老板问他要多长时间,答复半年。老板听了这话很感动,因为他的人品是很不错的。但是半年以后才来,企业就会错失时机,进入市场就迟了。当缺"一"不可的时候,"一"就是一万。于是,老板说:"如果你同意下周到位,给我个账号,我把一年的薪资一次性打到你的账户,然后奖金另算。"没过几天,行政总厨就到新公司上班了。

这就是钱的力量:瞬时吸引力。但是,钱是有副作用的,被钱吸引来的人亦会被钱吸引走。通过利益诱惑,企业可能会得到人才短暂的回报,但时间一长,人才会为了更高的金钱目标而重新选择。所以,企业急于用人的时候,短时间快速吸引人,金钱确实有效,只不过这是策略性的手段,不是战略性的手段。策略性用人,只能用人一时,倘若想要和人才长期共存,一起成长,光有金钱吸引还不够。

二、逻辑的磁力:晓之以理

逻辑的磁力是什么?适用,合适的才是最好的。

在创业初期,阿里巴巴请过很多"高手",包括从美国和中国香港聘请的一大批成功的职业经理人,甚至一些跨国公司的副总裁。然而,在企业的实际运作中,这些高级人才"水土不服"。对于早期犯下的错误,马云后来总结说,那些职业经理人管理水平确实很高,但是不适合阿里巴巴。

企业求才也许不难,但是企业要有与优秀人才相匹配的特质,真正留住人才，让他们充分发挥潜能，这就不容易了。企业如果没有一个成熟的机制去容纳那么多优秀的人才，最后势必以失败告终。所谓"适用"，就是人才要适应企业，企业要适应人才。

三、感情的磁力：动之以情

在企业管理中，一些优秀的人才对企业极为忠诚，对领导的个人魅力无限崇拜，他们非常热爱团体，甚至甘愿奉献终身。是什么让他们这般执着？研究发现，多半是出于某种感情。

什么能让人卖力？钱能让人卖力。什么能让人卖命？情能让人卖命。当你对一个人进行感情投资，那么，他欠你一份人情，就会心甘情愿为你卖命。

情感投资，让你的人才有幸福感，这是一种柔性引才的手段。欠一份人情就是欠一份债务，这种感情投资往往回报不菲。

四、梦想的磁力：激之以义

人才，既有人的属性，又有商品的属性。商品是要流动的，人才也要流动，而且往往会流动到能实现自身价值的地方。所以，在吸引人才的时候，抛开逻辑、感情，还可以升华到"大义"这一层面，优秀的人才是可以肩负某种责任和使命的。

企业为了长远发展求贤若渴固然没错，但是，一定要根据人才的不同需求点做出吸引人才的各种方案。人才的需求各有不同，总

第六章　不令而行的影响力

的来说，不外乎十六个字：关乎利益、关乎逻辑、关乎感情、关乎梦想。我们把方案归纳起来，也是十六个字——诱之以利、晓之以理、动之以情、激之以义，即用利益、事业、感情、道义打动人心。

如果领导者把握住这四条磁力线，那么，在强化团队方面，就能够做到：善于凝聚人心和鼓舞士气，成为组织发展的精神引领者，使团队呈现出积极阳光、感恩回报、绩效持续提升的正能量状态。

> **自我测评**

一个领导者会不会鼓舞人心、凝聚士气，以下三个方面是比较关键的：

1. 善于凝聚人心和鼓舞士气；
2. 成为组织发展的精神引领者；
3. 使团队呈现出积极阳光、感恩回报、绩效持续提升的正能量状态。

在表6-3中，从1到10进行评分，你会得多少分？

表6-3　鼓舞人心的三个关键点

鼓舞人心	善于凝聚人心和鼓舞士气									
	1	2	3	4	5	6	7	8	9	10
	成为组织发展的精神引领者									
	1	2	3	4	5	6	7	8	9	10
	使团队呈现出积极阳光、感恩回报、绩效持续提升的正能量状态									
	1	2	3	4	5	6	7	8	9	10

第四节
四季传承：培育企业精神

用故事点燃梦想

一个风雨交加的夜晚，一对老夫妇走进一家旅馆的大厅，想要住宿一晚。

服务生乔治·波特在值班，他说："十分抱歉，今天的房间已经被早上来开会的团体订满了。若是在平常，如果没有空房，我会送二位到用来支援的旅馆，可是我无法想象要你们再一次置身于风雨中，你们待在我的房间吧。它虽然不是豪华的套房，但还是挺干净的。我今天值班，可以待在办公室休息。"

老夫妇接受了他的建议。隔天雨过天晴，老先生要前去结账时，乔治·波特表示："昨天您住的房间并不是饭店的客房，所以我们不会收您的钱，只希望您与夫人昨晚睡得安稳！"

几年后，乔治·波特收到一位先生寄来的挂号信，信中说了那

第六章　不令而行的影响力

个风雨之夜所发生的事，还附了一张邀请函和去纽约的往返机票，邀请他到纽约一游。在抵达曼哈顿几天后，乔治·波特遇到了这位当年的旅客，老先生身后矗立着一栋华丽的新大楼，这就是纽约最知名的华尔道夫酒店。老先生说："这是我为你盖的酒店，希望你来为我经营。我叫威廉·华尔道夫·阿斯特，你正是我梦寐以求的员工。"

这是华尔道夫酒店第一任总经理的故事。华尔道夫酒店堪称世界上最豪华、最著名的酒店之一。新员工入职后首先接受的培训就是听乔治·波特的故事，用故事点燃他们的梦想。

华尔道夫用故事点燃了梦想，激励了一代又一代员工。企业领导者能够从中得到什么样的启示？

一、企业文化的概述

有人说，企业文化就是老板文化，这显然是一个浅显的说法。其实，从"文化"二字上进行分析，就会一目了然，把"文化"拆开来就是"文"和"化"，很多时候，老板的想法、理念最多只是"文"，只有变成员工的意识和行为习惯，这才叫"化"。"文而不化"就是一纸空文，"化而无文"则是无章可循，真正的企业文化应该是"文而化之"。所以说，企业文化就是组织成员奉行的主流价值体系和行为习惯。

一个人是生意人还是企业家，在企业文化问题上再明显不过。小生意人总会把赚钱放在第一位，而有远见的企业家，无一例外地将营造良好的企业文化作为领导工作的重中之重。商业模式可能被抄袭，但企业文化是难以复制的。企业文化是检验企业综合竞争力的试金石，虽然它不能直接产生经济效益，却能让企业管理深入人心，形成强劲的凝聚力，从而提高企业竞争能力。那么，如何培育企业文化并发挥其核心作用？

培育企业文化，可以分成四步：信、解、行、证。

1.信：相信企业文化，在耳濡目染中植入

对于企业而言，给予员工统一信仰的就是企业文化。所谓信仰，即信而仰之，首先要让员工自觉接受并相信企业文化。

具体如何操作呢？耳濡目染，不学以能。

其实，企业文化作为一种抽象的信息，如果没有一个载体把它具体化，员工是很难弄明白的。所以，将企业的文化提炼出来，让大家看得见、听得到、摸得着，这样的企业文化才能深入人心。

2.解：了解企业文化，在心领神会中铭记

要把企业文化转化为员工能接受的思想理念，入脑入心是关键。理念要渗透人心，最简单的办法不是你给他讲，而是让他给你讲。就像在家里，告诉小孩什么是善，这是第一步，但真正启发他的，是让他告诉你什么叫善。为什么要他讲？因为他在给你讲的时候，说明他已经开始对这个东西进行理解了。

企业在做文化培育时，一个很好的做法就是开展企业文化主题演讲。把企业文化拆解成精神标语、经营理念、经营方针等主题，让大家做演讲。在演讲的过程中，大家对企业文化的理解和阐释就

会很深刻，甚至比领导阐释得还到位。只有自己研究过的东西，自己才会真正理解透彻。这样潜移默化的方式要比填鸭式灌输好得多。

3. 行：践行企业文化，在身体力行中体现

所谓行，就是身体力行，用行动来固化。

培育企业文化，必须让员工做"善行"。如果员工不帮助企业，只是企业帮助员工，下属不关心上级，只是上级关心下属，那么，就是在强化单向循环，效果未必好。所以，一家企业、一个团队有事情的时候，一定要让员工出力，为企业付出。身体力行，你让他做，让他去试验，让他去体会，有了结果的回馈，他便会相信，而且真正明白企业文化的内涵。企业文化作为组织成员奉行的主流价值体系和行为习惯，一个是价值体系，一个是行为习惯，如果没有细化到具体的行动上，企业文化就不能真正落地。

4. 证：证悟企业文化，在言传身教中升华

在企业管理中，谁是企业文化的传播者？毫无疑问，各级领导都是文化的传播者，但最有力的传播者是老员工。培育企业文化就是培养员工的行为习惯，习惯的养成可以通过培训、宣讲的方法来实现，其中最有效的方法是老员工言传身教。老员工比领导人的作用大得多，因为员工和员工是同类，不会产生特别的抗拒性。

举个例子，一名新员工犯了错，领导批评了他，他会觉得领导说得不太对，但领导终归是领导，不能得罪，员工只能自己生闷气。这个时候，如果企业文化不好，老员工就是给领导出难题的人。老员工就会给新员工吹耳边风，说你做得对，领导怎么还批评

你呢？接着又一名老员工过来，说挨批了吧，跟领导没搞好关系，小张同样犯了错，领导就没有批评小张。然后，第三名老员工对他说，脾气不错啊，要是我绝对不会受这种气。所谓三人成虎，这名新员工就会认为领导欺负人，他就会产生抵触情绪。

如果企业有良好的企业文化呢？一名老员工过来说，这件事确实是你错了。第二个人过来说，你确实做错了，想想要怎么做才对。第三个人说，如果我是领导，可能就没那么好脾气了，领导的意见很中肯。三个人都这么说，新员工会怎么想？他会想自己是真的错了。这就是氛围，这就是文化，人在这样的环境中就会产生变化。所以，要让老员工成为核心的基因携带者，去传播企业的基因，传承企业的文化。

企业文化怎么传播？首先要有一本经。海底捞做得好，是因为有"海底捞故事"；海尔做得好，是因为有"海尔故事"。领导者，一定要有讲故事的能力。通过讲故事，让企业文化潜移默化地深入人心。

信、解、行、证，这是形成企业文化的一个过程，循环往复。就好比种植，春天播下种子，夏天茁壮成长，秋天收获果实，冬天传承再生，四季循环。企业文化的生长其实也可以归纳为这四个期：第一个叫播种期，梳理提炼；第二个叫成长期，激活内化；第三个叫结果期，行为固化；第四个叫再生期，传承再生。

自我测评

古人说："小智者谋事，中智者用法，大智者治心。"企业文化培育的最终目的就是要让员工有共同的价值观。领导者在培育企业文化的过程中，有三个要点：

1. 善于描绘未来画卷并得到员工的高度认同；
2. 在品行方面堪称员工的榜样；
3. 形成了员工主动践行、自发传承企业文化的行为规范。

在表6-4中，从1到10进行评分，你会得多少分？

表6-4 培育企业文化的三个关键点

培育企业文化	善于描绘未来画卷并得到员工的高度认同									
	1	2	3	4	5	6	7	8	9	10
	在品行方面堪称员工的榜样									
	1	2	3	4	5	6	7	8	9	10
	形成了员工主动践行、自发传承企业文化的行为规范									
	1	2	3	4	5	6	7	8	9	10